Stephan Schumann

Entschlüssele Deine Träume

und verstehe die Botschaften Deiner Seele

G. Reichel Verlag

G. Reichel Verlag
Reifenberg 85
91365 Weilersbach
Tel: 09194-8900/Fax 09194-4262
e-mail: G.Reichel.Verlag@t-online.de

Titelbild und Illustrationen: Peter Schneider, Hamburg

Umschlaggestaltung:
Thomas Kolb CGS- Creative Graphics Solutions GmbH., Kelkheim

ISBN 3-926388-48-X

Denn auf eine Weise redet Gott und
auf eine zweite; nur beachtet man's nicht.
Im Traum, im Nachtgesicht,
wenn der Schlaf auf die Menschen fällt,
wenn sie schlafen auf dem Bett,
da öffnet Er das Ohr der Menschen...

Hiob 33, 14-16

Ich widme dieses Buch
Sri Sathya Sai Baba.

Danksagung

Ich danke Annemarie Haas
für ihre liebevolle Unterstützung
und für ihr unermüdliches Redigieren des Textes.

Ich danke Peter Schneider
für seine einfühlsamen Illustrationen
und für sein grandioses Titelbild.

Ich danke meiner Frau
für ihre kritischen Anmerkungen,
ihre Liebe und ihre Geduld.

Inhaltsverzeichnis

Abbildungen

Abbildung 1: Verstehe die Botschaften Deiner Seele

Vorwort

Was sind die Träume? Welche Botschaften haben sie für uns?

Wie in Märchen und Gleichnissen finden wir auch in den Träumen neben den offensichtlichen Inhalten eine Symbolsprache, die - einmal erkannt - tiefe Einsichten schafft.

Nichts ist uns näher als unser Traum. Er ist ein Spiegelbild unserer Selbst, das die verborgenen Kostbarkeiten wie auch die verdrängten Seiten unseres Wesens in liebevoller und manchmal sehr dringlicher Art zum Vorschein bringt. Überraschend ist es und ergreifend, dieser "vergessenen Sprache Gottes" zu folgen. Sie weist uns den Weg, den wir zu gehen haben und wohin uns dieser Lebensweg führen möchte.

Mein Dank gilt Stephan Schumann, der die Initiative ergriffen hat, diese mir im Traum gewiesene individuelle Traum-Entschlüsselung in ein Buch zu fassen. Mit allen guten Wünschen für diesen Weg zum eigenen SEIN.

Annemarie Haas

Einleitung

Liebe Träumerin, lieber Träumer,

hast Du Dir einmal die Frage gestellt, wozu wir träumen und ob es hilfreich ist, sich mit den Träumen zu beschäftigen? Aus meiner Erfahrung heraus ist die Beschäftigung mit unseren Träumen unermesslich hilfreich! Sie sind ein Schlüssel für unsere geistige Weiterentwicklung.

Wir verbringen ein Drittel unseres Lebens im Schlaf. Während wir schlafen, gibt es Perioden, in denen wir träumen, ob es uns bewusst ist oder nicht. In dieser Zeit, der sogenannten Traum- oder Rapid-Eye-Movement-Phase, ist unser Gehirn wesentlich aktiver als im Wachzustand. Der Traum möchte uns etwas mitteilen, das wir im Wachbewusstsein bis zu diesem Zeitpunkt noch nicht bemerkt haben oder nicht bemerken wollten. Er weist uns auf Dinge hin, die wir verdrängen, die uns nicht bewusst sind und unser Leben kontrollieren. Es können wertvolle Qualitäten und Fähigkeiten in uns sein, die wir nicht erkennen und leben - und die uns der Traum ins Bewusstsein bringen möchte. Er hilft Dir, Deine augenblickliche Lebenssituation klarer zu sehen und jeder Traum bietet Dir eine Lösung an, um diese Situation besser bewältigen zu können. Kommst Du mit Deinem Leben nicht zurecht, wirst Du die Ursachen und Lösungen in Dir finden. Die Träume helfen Dir, Deine innere Welt zu verstehen. Sie führen Dich zu Deinen Seelenbedürfnissen, von denen wir uns im Leben allzuoft entfernt haben und zeigen Dir einen Weg zu einem erfüllteren Leben.

Bist Du schon einmal mit dem Gefühl aufgewacht, etwas Grossartiges, Überwältigendes oder auch Beängstigendes in Träumen erlebt zu haben ohne es in Worte fassen zu können? Du erinnerst Dich an einen Traum, der sich nicht zurückholen lässt? Das Erlebte lässt Dich aufgewühlt und beunruhigt aufstehen und verfolgt Dich in den Tag hinein? Hat dieses Erlebnis in der Nacht in Dir ein Empfinden hinterlassen, dass etwas Bedeutendes geschehen ist, dass Dir etwas sehr Wichtiges mitgeteilt wurde und Du konntest es nicht einfangen? Menschen erzählen mir immer wieder von Traumerlebnissen, die sich in ihnen "eingebrannt haben" und sie im Innersten berührten. Sie sprechen von einer tiefen Erfahrung, die in Worten nicht zu beschreiben ist.

Solche Träume haben seit frühster Kindheit eine bedeutende und z.T. beunruhigende Rolle in meinem Leben gespielt. Ich hatte lange das Gefühl, nicht an das Wesentliche im Traum heranzukommen. Es blieb mir verborgen. Die gängige Traumliteratur, die Beschäftigung mit Freud und besonders mit C.G. Jung brachten mir nicht die Erkenntnisse, die ich mir erhofft hatte. Es blieb das Gefühl, nur die besagte Spitze des Eisberges zu erfassen. Sollte es nicht jedem gegeben sein, seine Träume zu entschlüsseln? 1991 wurde ich über im wahrsten Sinn des Wortes unsichtbare Fäden zu Annemarie Haas geführt, die sich mit Träumen und ihren Erkenntnissen befasst. Durch diese Begegnung erhielt ich den Schlüssel für die Träume, die für mich zu einer hell erleuchteten Strasse wurden. Mein Leben veränderte sich von dort an in einer rasanten Geschwindigkeit. Ich wurde zu ihrem Schüler und das Geschenk, das sie mir gab, möchte ich in Form dieses Buches weitergeben. Ich möchte Dir, liebe Leserin, lieber Leser, neue Wege aufzeigen, Dich Deinen Träumen anzunähern und eine engere Beziehung zu ihnen aufzubauen - um die Botschaften, die die Träume Dir mitteilen, besser zu verstehen und sie ins Leben, in den Alltag zu integrieren. Möge es Dich zu tieferen Erkenntnissen Deiner Träume hinführen und möge es helfen, Dir Deine inneren Schätze zu erschliessen.

Wie ist dieses Buch entstanden? Im Januar 1997 erhielt ich folgenden Traum: "Ich arbeite an einem Traumbuch. Ein Teil ist bereits als Manuskript ausgedruckt. Ich habe es achtlos auf einer Fussmatte im Treppenhaus liegengelassen. Eine Mitbewohnerin hat es gelesen und fragt mich, ob sie es haben könnte. Es würde ihr dabei helfen, ihre Träume besser zu verstehen. Ich sage ihr, ohne es wirklich zu glauben, das Buch wird hoffentlich im Sommer erscheinen." Ich wachte mit dem Gefühl auf, überfordert zu sein, ein Traumbuch zu schreiben und verfolgte den Gedanken nicht weiter. Ein dreiviertel Jahr später bat ich um einen Traum, mir zu zeigen, was ich tun darf, um meine finanzielle Situation zu verbessern. Am nächsten Morgen erwachte ich mit dem Namen einer Frau, die ich ein Jahr zuvor kennengelernt, und die mir damals angeboten hatte, ich könnte sie gern anrufen, wenn ich einmal Hilfe bräuchte. Ich tat es, und sie sagte mir, sie bekommt sehr klar und ausdrücklich die Nachricht von "oben", ich hätte ein Buch zu schreiben. Sofort erinnerte ich mich an meinen damaligen Traum. Ich hatte mir eine andere Antwort auf meine

Frage vorgestellt. Der Gedanke, ein Buch zu schreiben liess mich seit dem Gespräch dann nicht mehr los. Ich bekam das Gefühl, dass es bereits geschrieben ist, dass ich mich an meinen Computer hinzusetzen, nach Innen zu lauschen und mit dem Schreiben zu beginnen hätte. Seitdem sind gute sieben Monate vergangen und wieder einmal überrascht mich die Weisheit und die Voraussicht, die uns über die Träume geschenkt wird. Über die Arbeit an diesem Buch bin ich mit Menschen in Berührung gekommen, die jetzt für mich Traumseminare organisieren und diese Form der Traumarbeit weitergeben. Ich bin mit vielen beglückenden Erfahrungen und Begegnungen beschenkt worden und der Traum hätte mir keine bessere Antwort auf meine Frage geben können.

Noch ein kurzes Wort, warum den unzähligen Traumbüchern hiermit ein neues hinzugefügt wird. In Gesprächen wird mir immer wieder deutlich, wieviele Menschen das Thema Traum anspricht und berührt. Es ist der Wunsch vorhanden, mehr über die eigenen Träume zu erfahren und auch die Skepsis, dass es unmöglich ist, diese z.T. wirren Träume allein entschlüsseln zu können. Bei Menschen, die sich mit ihren Träumen beschäftigen, stelle ich häufig fest, das es ihnen schwerfällt, ohne fremde Hilfe eine befriedigende Antwort oder Erkenntnis aus dem Traum zu gewinnen. Sie sind unsicher, ob sie wirklich verstehen, was der Traum ihnen sagen möchte oder ob es eigenes Wunschdenken ist. Die in diesem Buch beschriebene Form der Traumentschlüsselung führt uns unmittelbar und direkt an den Inhalt der Träume heran. Der wesentlichste Punkt ist, dass wir in Verbindung mit dem Höheren Selbst unsere Träume entschlüsseln. Annemarie Haas arbeitete bereits viele Jahre mit Träumen, bevor ihr, auch in einem Traum, diese neue Form der Entschlüsselung gegeben wurde.

Wir leben in einer Zeit, in der jedem von uns die Möglichkeit gegeben ist, einen direkten Zugang zum Höheren Selbst zu bekommen. Für C.G. Jung war das Selbst von zentraler Bedeutung. Er sagte, das Selbst könnte als "der Gott in uns" bezeichnet werden. Er versuchte mit diesem Begriff, die Einheit und Ganzheit eines Menschen zu beschreiben, in dem das Bewusste und Unbewusste mit einbezogen sind. Es ist der Teil in uns, der all-wissend, all-liebend und all-umfassend ist! Dieses innere Wissen, zu dem in vergangenen Zeiten nur wenige Zugriff hatten, wird uns mehr und mehr zugänglich. Wenn Du in diesem Buch vom Höheren Selbst, Gott, der inneren Stimme, dem inneren Führer oder dem inneren Wissen liest, ist damit immer die Quelle, das Allerhöchste gemeint. Bitte die Form Gottes um Hilfe, die Dich am meisten anspricht.

Nehmen wir Kontakt zu dem Höheren Selbst in uns auf, benötigen wir kein angelesenes Wissen über unsere Träume, um sie zu entschlüsseln und zu verstehen. Du wirst die Erfahrung machen, dass durch die Verbindung mit dem Höheren Selbst die Träume immer deutlicher werden. Du wirst beginnen, alles was in Deinem Leben geschieht, in einem anderen Licht zu sehen.

Die als **Übung** gekennzeichneten Abschnitte laden Dich zu einer inneren Erfahrung ein.

Träume, die Geschichte schrieben

In fast allen vergangenen Kulturen hatten Träume eine grosse Bedeutung. In der Bibel finden wir viele Verweise, z. B. die Träume des Pharao, die von Josef gedeutet wurden. [1]

Der Pharao träumte, dass er sieben schöne und fette Kühe und anschliessend sieben hässliche und magere Kühe aus dem Nil heraussteigen sah. Diese sieben hässlichen und mageren Kühe frassen die sieben fetten Kühe auf und waren hässlich und dünn wie zuvor. In einem zweitem Traum erschienen ihm sieben volle Ähren, danach folgten sieben dürre Ähren, die die sieben dicken Ähren verschlangen. Josef, der Jude, wurde geholt und deutete den Traum. Er sagte dem Pharao, dass die vollen Kühe und vollen Ähren ein Zeichen sind, dass sieben reiche Jahre kommen und nach ihnen werden sieben Jahre des Hungers kommen. Josef machte den Vorschlag, Getreide aufzuschütten und es zu verwahren und hohe Steuern in den reichen Jahren zu nehmen, um in den sieben mageren

---

1 1. Mose 41

Jahren nicht hungern zu müssen. Der Pharao folgte Josefs Rat und es trat ein, was der Traum vorhergesagt hatte.

Nach dem Gott der Heilkunst wurden die griechischen Äskulap- oder Asklepiustempel benannt. Sie gehörten zu einer Kultur, die von ca. 500 v. Chr. bis ca. 400 n. Chr. dauerte. Pilger und Kranke machten Wallfahrten zu diesen kleinen Tempeln. Sie fasteten und beteten, baten um einen helfenden Traum und verbrachten die Nacht im Tempel. Am nächsten morgen kam der Priester und Heilkundige und nahm den Traum als Grundlage, um diese Menschen zu heilen.

Viele Künstler und Wissenschaftler sind durch ihre Träume inspiriert worden und haben grosse Werke geschaffen. Es ist überliefert, dass Händel z. B. einen Teil seines Messias im Traum erhielt. Mozart, Beethoven, Vivaldi und Wagner sollen musikalische Anregungen aus ihren Träumen erhalten haben. Viele Bilder von Dali, Chagall und Hyronimus Bosch haben wir ihren Träumen zu verdanken.

August Kekule von Stradonitz träumte von der Schlange, die sich in den Schwanz beisst. Er arbeitete am Benzinmolekül und ihm wurde klar, dass es eine runde Struktur haben musste. 1896 in Paris hielt er vor Wissenschaftlern eine Rede. "Glaubt an eure Träume und wir finden vielleicht die Wahrheit". Durch seinen Traum ist das Benzin schneller zur Verwirklichung gekommen.

Albert Einstein soll durch Traumvisionen Klarheit über seine Grundsätze der Relativitätstheorie erhalten haben. Mahatma Gandhi suchte lange nach einer Lösung eines gewaltlosen Aufbegehrens. Über den Traum wurde ihm die Form des Massenstreiks offenbart.

Traumforschung

In den Fünfziger Jahren begannen Wissenschaftler, Träume zu erforschen. In Chicago und später New York wurden Schlaflabors eingerichtet, um Zehntausende freiwillige Studenten während des Schlafens zu beobachten. Dort fand man heraus, dass sich während der "Traumzeit" die Augen unter den geschlossenen Augenliedern bewegen. Man nannte dies die REM-Phase (Rapid-Eye-Movement). Sie stellten fest, dass diese Traumphase ca. 4 - 6 Mal in einer Nacht auftritt und insgesamt ca. 100 Minuten andauert.

Wurden die Studenten, die an verschiedenen Geräten zur Messung der Gehirnwellen angeschlossen waren, während dieser REM-Phase geweckt, waren sie verärgert, unruhig und aggressiv. Etwa die Hälfte der Versuchspersonen reagierten auf das Traumdefizit mit Angstzuständen bis hin zu Halluzinationen und Desorientiertheit, obwohl die Testpersonen von der Stundenanzahl her ausreichend Schlaf bekommen hatten. Die Versuche mussten nach der 5 - 6 Nacht beendet werden.

Die Untersuchungen zeigten, dass Träume absolut notwendig sind. Unterbrochene Träume wurden in den nächsten Nächten nachgeholt und die Zahl der REM-Phasen stieg um das 4 - 5-fache. Diejenigen, die im Tiefschlaf geweckt wurden, waren zwar ärgerlich, hatten aber keine Entzugserscheinungen. D. h. wir brauchen physisch und psychisch die Träume zum Einordnen der Ereignisse des vergangenen Tages. Unverarbeitete Erfahrungen, ungelöste Konflikte, unbewusst aufgenommene Informationen werden im Schlaf noch einmal aufgearbeitet. Es werden Lösungen erarbeitet und uns über den Traum nahegebracht.

Bei Gehirnforschungen im Max-Planck Institut hat man folgendes festgestellt: Versuchspersonen wurde Zuckerwasser und Uran injiziert, um erkennen zu können, welche Teile des Gehirns schneller den Zucker verbrauchen. Es zeigte sich, dass in der REM-Phase das gesamte Gehirn um ca. 12 Prozent aktiver ist als im Wachbewusstsein. Der jüngste Teil des Gehirns, der vordere Stirnlappen, mache Dir diese Zahl bewusst, ist in der Traumphase um ca. 30 Prozent aktiver als im Wachbewusstsein. Vermutest Du, für welche Aufgaben dieser Teil unseres Gehirns verantwortlich ist? Für das Denken, das Sprechen, für das Vorausplanen, für das Lösen von Problemen usw. Kannst Du erahnen, was für eine Kraft durch unsere Träume in uns am wirken ist, und welch eine Bedeutung unsere Träume gerade für unsere Zukunftsplanung haben können? Unsere mögliche Zukunft zum Wohle für uns und allen anderen wird uns in unseren Träumen offenbart. Sie zeigen uns auf, was uns noch nicht bewusst ist und helfen uns, in unserer geistigen Entwicklung weiterzukommen.

Die verschiedenen Bewusstseinszustände

In vereinfachter Form durchlaufen wir folgende Bewusstseinszustände:

Betazustand = Wachbewusstsein

Der Zustand, in dem wir arbeiten, handeln, tätig sind. Bei gesteigerter Wachsamkeit treten Betawellen von 13 bis 40 Hz (Hertz, Schwingungen pro Sekunde). Höhere Frequenzen deuten auf eine gesteigerte Aufmerksamkeit hin, abnehmende Frequenzen auf Entspannung und Ruhe. Je länger wir uns mit einer hohen Frequenz im Betazustand befinden, d. h. in einer sehr angespannten Verfassung, umso anfälliger werden wir für Krankheiten. Phasen der Entspannung sind daher nicht nur für die Traumarbeit von grösster Wichtigkeit.

Alphazustand = noch Wachzustand, Zustand der Entspannung

Es treten Alphawellen von 8 bis 13 Hz. Wir kommen mit unseren Gedanken und Gefühlen zur Ruhe. Zustand der Achtsamkeit, der Meditation. Wir bekommen Zugriff zu unserer Intuition. Wir mögen an jemanden denken und im nächsten Moment klingelt das Telefon und die Person ist am Apparat. Diese Phase tritt auch kurz vor dem Einschlafen auf. Wir haben das Gefühl, noch wach zu sein und doch tauchen bereits Traumbilder aus unserem Inneren auf. Der Mensch benötigt den Alphazustand, um sich zu erfrischen und seine Zellen zu regenerieren. Wir begeben uns in diesen entspannten Zustand, wenn wir unsere Träume entschlüsseln.

Tetazustand = Traumphase (REM-Phase)

Tetawellen von 3 bis 8 Hz. Hier entstehen unsere meisten Träume. Aktuelle wissenschaftliche Untersuchungen haben festgestellt, dass wir auch in den anderen Schlafphasen träumen. Zumeist sinken wir nach dem Einschlafen gleich in den Tiefschlaf (Deltazustand) und kommen dann über die Traumphase (Tetazustand) in den Alphazustand hinein. Der Schlaf ist in dieser Phase leicht und manchmal erwachen wir. In der Regel fallen wir über den Tetazustand wieder in den Tiefschlaf und durchwandern in 4 bis 5 Kurven pro Nacht diesen Zustand.

Deltazustand = Tiefschlaf

Deltawellen 1 bis 3 Hz. Nach dem Einschlafen fällt das Gehirn gewöhnlich für 30 bis 120 Minuten in den Deltazustand (die Ergebnisse einzelner Untersuchungen variieren). Die Tiefschlafphase verringert sich bis zu wenigen Minuten in der letzten Schlafperiode.[2] Das Ich-Bewusstsein, das in der Traumphase noch besteht, ist hier ausgeschlossen. Schlafwandeln ist in der Regel mit diesem Zustand verbunden. Unser Tun ist uns in dieser Phase nicht bewusst.

Diese einzelnen Stadien gehen kontinuierlich ineinander über.

---

2 Psychrembel - Nickel Verlagsgesellschaft mbH.

Abbildung 2: Was ist der Traum?

Was ist der Traum?

"Bin ich ein Mensch, der geträumt hat, ein Schmetterling zu sein oder bin ich ein Schmetterling, der träumt, ein Mensch zu sein?"

Tschuang-Tse

Diese Frage wird sich nicht erfüllend beantworten lassen. Wir dürfen lernen, den Tag als eine Wirklichkeit und die Nacht als eine andere Wirklichkeit anzunehmen und zu erkennen. *"Je weniger wir die bewusste Welt von der Welt des Traumes trennen, je mehr wir also beide Welten zusammenschauen, desto mehr erschliesst sich uns - in den Grenzen unserer Möglichkeiten - die eine ganze Wirklichkeit."*[3]

Ich möchte Dir eine Geschichte meiner Lehrerin Annemarie Haas erzählen, die in den Siebziger Jahren während einer Einweihung eines Heilzentrums über Träume sprechen sollte. Sie wusste nicht recht, wie sie "Traum" und "träumen" erklären sollte und stellte sich in der Nacht vor dem Vortrag die Frage "Was bist du eigentlich, lieber Traum? Was bist du wirklich?". Sie erwachte mitten in der Nacht mit einem Wort - TÜV - und wusste sofort, dass sie eine Antwort auf ihre Frage erhalten hatte. Was ist der TÜV? Der Technische Überwachungsverein, der dafür sorgt, dass unser Auto in einem guten Zustand bleibt und Mängel rechtzeitig festgestellt werden, um eine Gefährdung des Fahrers und seiner Umwelt zu verhindern. Genau das ist der Traum in Bezug auf den Träumer und seine Umwelt. Könnte es eine knappere und präzisere Antwort geben?

Der Traum warnt uns, wenn wir zu nachlässig mit uns umgehen und unsere Gesundheit gefährden. Wir können ihn als einen Film betrachten, in dem uns gezeigt wird, wie wir körperlich, seelisch und geistig gesunden und reifen können.

---

3 Sprache der Träume - Uwe Böschemeyer

Der Traum als Spiegel

Im täglichen Leben und im Traum projizieren wir Gedanken und Gefühle auf andere. Alles was uns am anderen stört, ist ein noch nicht bewusster, gelöster Anteil von uns. Was wir an uns nicht sehen (wollen), bemerken wir am anderen. Im Traum symbolisiert jeder Gegenstand, jede Person eine Eigenschaft von uns. Der Traum sagt: "Akzeptiere diese Eigenschaft, sie ist ein Teil von Dir. Nehme sie an und lebe sie." Und er zeigt auch, wie wir damit umzugehen haben.

Es heisst nicht, dass wir unsere Wut zum Beispiel, die wir unterdrückt haben, jetzt unkontrolliert und rücksichtslos ausleben. Wir haben sie als ersten Schritt anzuerkennen. "Ich gestehe mir dieses Gefühl ein, es ist ein Teil von mir, und es ist weder gut noch schlecht." Dann kann ich weitersehen, wie ich mit dieser Energie, denn jedes Gefühl ist eine Form von Energie, umgehe, wie ich sie konstruktiv nutzen kann. Vielleicht heisst es zu lernen, sich von anderen klarer abzugrenzen, einmal NEIN zu sagen, wo man früher gegen das eigentliche Gefühl JA gesagt hat. Kann sich dieser Teil, diese Energie nicht im Aussen ausdrücken, indem wir sie z. B. klar äussern, richtet sie sich nach Innen. Dort mag sie zu Unzufriedenheit bis hin zu körperlicher Krankheit führen.

Jedes nicht wahrgenommene Gefühl, jede unterdrückte Eigenschaft sucht einen Weg, um sich zu befreien und zu erlösen. Drücken wir diese Gefühle nicht aus, nehmen wir sie nicht als einen Teil von uns an, richten sie sich gegen uns selbst. Der Traum bringt uns das, was uns unbewusst ist, was uns Schaden zufügt, was uns nicht glücklich sein lässt, ins Bewusstsein.

Denke an die 30 Prozent, um die unser Gehirn in der Nacht, wenn wir träumen, aktiver ist. Kannst Du Dir vorstellen, welch ein Potential in unseren Träumen steckt? Beginnst Du, Deine Träume zu erforschen, startest Du eine Reise in Dein Innerstes, zu Dir Selbst. Du wirst Räume in Dir entdecken, Fähigkeiten und Qualitäten, die Du vielleicht nie vorher erahnt hast. Schmerzliche Dinge, noch nicht verheilte Wunden mögen erscheinen, Trauer und Freude, schlummernde Talente, die unterdrückt wurden und gelebt werden möchten. Der Traum hat ein Ziel, dass wir wieder Ganz werden, und er unterstützt uns in jeder erdenklichen Lebenssituation.

Wie erinnere ich mich meiner Träume?

Untersuchungen an Testpersonen haben ergeben, dass wir 4 bis 6 mal in der Nacht träumen. Da viele Menschen meinen, sie Träumen nicht oder nur sehr selten, lasst uns zuerst fragen: Was hindert uns, sich an Träume zu erinnern?

Was hindert mich daran, mich an meine Träume zu erinnern?

- Drei nicht zu unterschätzende Gegner von Träumen sind unsere (unbewussten) Widerstände, unsere Ängste und unsere Zweifel. Unser Ego hat wenig Interesse, dass wir Kontakt zu unseren Träumen und damit zu unserem innersten Wissen aufnehmen. Über die Träume würden wir erkennen, dass wir in unserem Leben etwas zu verändern oder loszulassen haben. Diese Angst vor Veränderungen, sich evtl. von liebgewordenen Gewohnheiten zu verabschieden, hält uns von der Erinnerung an Träume ab. Das Ego hat Angst vor der Wahrheit und widersetzt sich ihr mit allen möglichen Mitteln, die wir oft nicht durchschauen. Dazu gehören die Zweifel. Kennst Du sie? "Es ist doch alles Einbildung", "Ist das wirklich gut für mich?" usw. Nur allzuoft verleiten unsere Zweifel uns dazu, an unseren alten Gewohnheiten festzuhalten.
- Mein Verstand, der mir sagt: "Es war doch nur ein Traum", "Träume sind Schäume" usw.
- Wenn wir zu aktiv sind, zuviel Stress haben oder uns selbst auferlegen. Wenn wir gerade in den Abendstunden noch sehr viel Kopfarbeit leisten, spätes Fernsehen und danach gleich ins Bett gehen. Auch spätes Essen.
- Aufputschmittel wie Alkohol und Babiturate
- Bequemlichkeit

Was hilft mir, mich an meine Träume zu erinnern?

- Der Wunsch, sich selbst zu erkennen. Bin ich aus meinem tiefsten Herzen heraus bereit, zu erfahren, wer ich bin, welche Lebensaufgaben ich habe, und was ich tun kann, um sie zu erfüllen? Bin ich ehrlich mit mir? Möchte ich wissen, wo ich mir und meiner Umwelt etwas vormache? Bin ich bereit, an mir zu arbeiten und mich zu verändern? Bin ich bereit, bedingungslos nach der Wahrheit in mir zu forschen und das Erkannte umzusetzen und zu leben? Wenn Du diese Fragen für Dich mit ja beantworten kannst und Deine Seele, das Höhere Selbst oder Gott bittest, Dir Träume zu schicken, die Dich führen, wirst Du sie erinnern und immer klarer verstehen können. Eine sehnsuchtsvoll ausgesprochene Bitte um Selbsterkenntnis wird uns immer erfüllt werden und lässt die Seele jubilieren.
- Vertrauen in das innere Wissen, denn von dort kommen die Botschaften, die der Traum uns übermitteln möchte.
- Bitte vor dem Schlafengehen um einen Traum, der Dir weiterhilft und bitte, dass Du Dich morgens nach dem Aufwachen an diesen Traum erinnerst.[4]
- Mit anderen über Träume sprechen.
- Nach dem Aufwachen drehen wir uns häufig schnell auf die andere Seite. Wir wissen, da war ein Traum, doch er entfernt sich schon und wir können ihn nicht mehr fassen. Drehe Dich in dieser Situation ganz langsam wieder auf die andere Seite, sei offen für den Traum, Bild für Bild mag er sich wieder entblättern.
- Ein Traumtagebuch führen!
- Programmiere Dich abends, 10 Minuten vor dem Weckerklingeln aufzuwachen, so dass Du Zeit hast, langsam aufzuwachen und Dich an Deinen Traum zu erinnern.
- Kommt Dir tagsüber ein Traumfetzen ins Gedächtnis, schreibe ihn auf. Denke nicht, das ist aus dem Zusammenhang gerissen. Diese Szene hält

---

4 Siehe auch Kapitel „Wie bekomme ich einen Traum, der mir bei einem Problem weiterhilft“, ab Seite 132

die Botschaft für Dich bereit, die Du gerade jetzt benötigst. Ansonsten wäre Dir dieses Bild nicht ins Bewusstsein gekommen.

Loslass-Sätze zur Verbesserung der Traumerinnerung

Hast Du Schwierigkeiten, Dich an Deine Träume zu erinnern, spreche abends vom dem Einschlafen folgende Sätze laut aus. Spüre in Dich hinein und ergänze die Sätze gegebenenfalls. Lasse alles los, was Dich daran hindert, Deine Träume zu erinnern. Bringe Deine Wünsche auch gefühlsmässig zum Ausdruck. Je mehr wir uns innerlich beteiligen, umso stärker sind die Wirkungen dieser Sätze.

- Ich lasse los alle negativen Programme, Glaubensmuster und Begrenzungen, die mich daran hindern, mich an meine Träume zu erinnern und ihnen zu vertrauen.
- Ich lösche jetzt alle Programme, die mir einreden, dass Träume Schäume sind und es Zeitverschwendung ist, sich mit ihnen zu beschäftigen.
- Ich lasse los meine Angst vor der Wahrheit.
- Ich lasse los alle Ängste vor dem Erkennen meiner wahren Berufung und Aufgabe.
- Ich lasse los alle Ängste, dass die Botschaften meiner Träume mich überfordern könnten.
- Höheres Selbst, bitte lösche jetzt alles, was hier nicht erwähnt wurde und mich daran hindert, michj an meine Träume zu erinnern und transformiere es in Licht und Liebe. Und so ist es.

Führen eines Traumbuches

Das für mich wichtigste Hilfsmittel, das uns mit unseren Träumen mehr und mehr verbindet, ist das Führen eines Traumtagebuchs. Lege Dir ein schönes Tagebuch zu, das Du nur für Deine Träume verwendest. Je liebevoller wir mit unseren Träumen umgehen, umso leichter werden wir erkennen, was sie uns mitteilen möchten.

Es heisst, der Traum ist die vergessene Sprache Gottes. Der Traum übermittelt uns Botschaften unserer Seele. Sind wir bereit, ehrlich und wahrhaftig mit unseren Träumen umzugehen, werden sie klarer und deutlicher erscheinen. Je mehr wir unseren Träumen signalisieren: "Ich möchte dich verstehen, dich wahr-nehmen, von dir lernen...", je mehr wir uns ihnen öffnen, umso mehr kommen die Träume uns in Erinnerung.

Unsere Seele drängt danach, sich auszudrücken und wenn sie spürt, dass wir uns mit unseren Träumen beschäftigen, wird sie diesen Weg nutzen, um uns mitzuteilen, wie wir uns weiter ent-wickeln können. Was wir tun können, um ein erfüllteres und zufriedeneres Leben zu führen. Der Traum kann zu einem grossen Führer werden und uns zum Erkennen tiefer Wahrheiten führen.

Wie ein Traumtagebuch gestaltet werden kann, siehst Du auf den nächsten Seiten anhand von zwei Traumbeispielen. Gehe beim Aufschreiben des Traumes in folgender Reihenfolge vor:

1. Datum: Datum und vielleicht auch die Uhrzeit. Es kann passieren, dass wir nachts zu einer bestimmten Zeit mit einem Traum aufwachen. Immer wieder zur gleichen Uhrzeit. Diese Träume mögen eine besondere Bedeutung und auch eine Beziehung untereinander haben. Ich habe die Erfahrung gemacht, dass diese Träume sehr direkte Botschaften sind.

2. Traum: Notiere Deinen Traum auf der linken Seite Deines Traumtagebuches. Schreibe in der Gegenwart und in Ich-Form, wie im Beispiel angegeben. In der Vergangenheit geschrieben rückt der Traum sofort in die Ferne und verliert an Intensität, in der Gegenwart geschrieben bleibt er uns präsent. Schreibe Deine Träume noch in der Nacht auf. Selbst wenn der

Traum Dir sehr klar ist und Du glaubst, ihn nicht zu vergessen - am Morgen ist er meist entschwunden.

3. Entschlüsselung: Auf der rechten Seite trägst Du untereinander die Symbole ein, die Dir im Traum erschienen sind. Lasse Dir genügend Platz hinter jedem Symbol für Deine eigene Entschlüsselung. Wie Du die Symbole für Dich entschlüsselst, steht im Kapitel "Die Entschlüsselung des Traumes."

4. Erkenntnis: Nachdem Du Deinen Traum entschlüsselt hast, spüre nochmals in ihn hinein und vergegenwärtige Dir, welche Erkenntnis Du aus dem Traum gewonnen hast, und wie und wann Du diese Erkenntnis in Deinem täglichen Leben umsetzen kannst. Dies ist ein wichtiger Punkt in der Beschäftigung mit unseren Träumen. Wir werden nur dann Nutzen aus unseren Träumen ziehen, wenn wir das Erkannte im Alltag leben.

5. Titel: Fühle in Dich hinein, welche Überschrift Du diesem Traum nach der Entschlüsselung geben würdest. Ich habe am Ende meines Traumbuches ein Traumregister angelegt mit Datum und Titel. Falls ich mir einen alten Traum nochmals ansehen möchte, finde ich ihn so sehr schnell.

Tagesnotiz: Unsere Träume haben einen Bezug zu den Tagesereignissen, zu dem, was uns momentan beschäftigt. Sie beziehen sich auf die Vergangenheit und geben uns Hinweise auf die Zukunft. Ich empfehle, abends vor dem Zubettgehen eine kurze Notiz der Tagesereignisse zu machen, die uns wichtig erscheinen. Es brauchen nur wenige Worte zu sein, zum Beispiel: "Stress mit meinem Chef". "Höre mit Rauchen auf", "Buch soundso bewegt mich sehr" usw. Dadurch erhältst Du Anhaltspunkte, worauf sich der Traum bezieht. Besonders wenn Du nach längerer Zeit diesen Traum nochmals liest, wirst Du die Zusammenhänge wahrnehmen. Vielleicht wirst Du erkennen, dass sich die Träume in wiederholenden Lebenssituationen, zum Beispiel bei Problemen mit einer bestimmten Person, ähneln. Aus alten Träumen können wir sehr viel lernen, gerade, weil wir inzwischen inneren Abstand zu der damaligen Situation gewonnen haben. Unsere Tagesnotiz kann knapp sein, wir erinnern uns sofort daran. Der Traum dagegen sollte genau beschrieben werden - an ihn erinnern wir uns in seinen Einzelheiten selten.

Tagesnotiz vom: 22.10.93

Schmerzen in der Leiste beeinträchtigen mich in meiner Arbeit. Der Arzt stellt nichts fest.

Datum: 23.10.93 **Titel** Mein übertriebener Ehrgeiz

Traum:

„Jemand erzahlt mir, dass meine Leistenschmerzen weggehen werden, wenn ich mit meinen täglichen Übungen aufhöre, die mir mein Yogalehrer „verschrieben" hat."

Lese den Traum mit den entschlüsselten Symbolen. Es ist manchmal für die Verständlichkeit hilfreich, den Traum nochmals mit der Entschlüsselung aufzuschreiben oder die Entschlüsselung über die Symbole zu setzen. Mit zunehmender Übung wird es immer weniger erforderlich sein. Übersetzt lautet der Traum:

„Meine Vernunft (Jemand) *erzählt mir, dass meine Ungeduld und meine Übertreibung* (Leistenschmerzen) *weggegen werden, wenn ich mit meinem täglichen übertriebenen Ehrgeiz* (Übungen) *aufhöre, die mir meine eiserne Disziplin (Yogaleherer) „verschrieben" hat.*

Bedenke bitte, dass jedes Symbol und damit jede Entschlüsselung ein Anteil von Dir ist! Damit dies verständlicher wird, habe ich in der Traumübersetzung vor den Entschlüsselungen z.T. ein „mein" davorgesetzt. Z.B. „meine Vernunft" oder „meine Ungeduld".

Entschlüsselung (auf der Bergspitze entschlüsselt)

Jemand - meine Vernunft

Leistenschmerz: - meine Ungeduld und Übertreibung

Übungen - mein übertriebener Ehrgeiz

Yogalehrer - meine eiserne Disziplin

Erkenntnis

Ich höre auf mit meinem übertriebenen Ehrgeiz. So wird auch meine Ungeduld schwinden. Ich beende meine täglichen Dehnübungen, die im Traum für meine Schmerzen verantwortlich sind.

Hinweis: Erläuterungen zu diesem Traum auf Seite 32

Tagesnotiz vom: 26.06.95

Streit mit Britta.

Datum: 27.06.95 **Titel** Meine subtile Bequemlichkeit

Traum:

„Ein Mann liegt mit Fieber im Bett. Er sagt zu einer Frau: „Es ist schön, dass ich bei dir bleiben darf, da ich Zuhause nicht umsorgt werde.“ Die Frau gibt ihm zu verstehen, dass sie viel zu tun hat und sich nicht um ihn kümmern kann. Sie sagt zu ihm: „Verlasse dich nicht auf mich. Es liegt in deiner Verantwortung, wieder gesund zu werden.“

Übersetzt lautet der Traum:

*„Meine subtile Bequemlichkeit (*Mann) *liegt mit meiner unerledigten Arbeit, die mich ins Schwitzen bringt* (Fieber), *in meiner Faulheit* (Bett*). Meine subtile Bequemlichkeit sagt zu der Liebe* (Frau): *„Es ist schön, dass ich bei dir bleiben darf, da ich in meinem Glück, dass ich nicht erkenne* (Zuhause), *nicht umsorgt werde.“ Die Liebe gibt der subtilen Bequemlichkeit zu verstehen, dass sie viel zu tun hat und sich nicht um sie kümmern kann. Die Liebe sagt zu der subtilen Bequemlichkeit: „Verlasse dich nicht auf mich. Es liegt in deiner Verantwortung, wieder gesund zu werden.“ “*

Entschlüsselung (auf der Bergspitze entschlüsselt)

Mann - subtile Bequemlichkeit

Fieber: - deine unerledigte Arbeit, die dich ins Schwitzen bringt

Bett - deine Faulheit

Frau - Liebe

Zuhause - dein Glück, dass du nicht erkennst

Erkenntnis

Schluss mit der Bequemlichkeit. Ich übernehme die Verantwortung für meine Arbeit und erledige alle aufgeschobenen Arbeiten und kläre den Konflikt mit Britta.

Hinweis: Erläuterungen zu diesem Traum auf den Seiten 32 und 33

Erläuterung zum ersten Traumbeispiel: "Mein übertriebener Ehrgeiz."

Der Traum sagte ihr:

> *"Deine eiserne Disziplin (Yogalehrer) veranlasst dich zu übertriebenem Ehrgeiz (Übungen). Dein Ehrgeiz in Form übertriebener Übungen verursacht dir Schmerzen (Ungeduld)."*

Jemand, den sie als ihre Vernunft entschlüsselt, sagt zu ihr, sie sollte mit den Übungen = ihrem übertriebenen Ehrgeiz, aufhören, dann würden ihre Schmerzen weggehen - und das taten sie auch. Der Traum machte sie auf ein Lebensmuster aufmerksam, nämlich mit sich zu streng zu sein, sich über alle Massen zu fordern, welches sie auf viele Lebenssituationen übertragen konnte. Sie hatte sich ihre Ungeduld und ihren zu starken Ehrgeiz anzusehen, der ihr Schaden zufügte.

Die Träumerin hatte seit ca. 6 Monaten Schmerzen in der Leistengegend und war bei verschiedenen Ärzten gewesen, die ihr nicht helfen konnten. Sie machte täglich Yoga und strich die Übungen aus ihrem Programm, von denen im Traum gesagt wurde, dass sie ihr nicht guttun. Nach 14 Tagen waren die Schmerzen vollständig verschwunden.

Erläuterung zum zweiten Traumbeispiel: "Meine subtile Bequemlichkeit."

Es drängt sich für die Träumerin Renate die Frage auf: "Wo im Leben bin ich subtil bequem? Vor welchen Aufgaben im Leben drücke ich mich?" Ihr wurden einige unerledigte Sachen bewusst - ein schwelender Konflikt mit einer Freundin, nicht beantwortete Behördenbriefe usw. -, die sie seit längerem vor sich herschob. Sie erkannte, dass sie Unangenehmes immer wieder von anderen für sich erledigen liess und sich darauf verliess, dass es für sie geregelt würde.

Der Traum sagt ihr, dass sie sich darauf nicht verlassen sollte und ihr Glück, dass sie nicht erkennt, darin liegt, die Dinge selbst anzupacken. Der Mann weist hier auch auf ihre männliche, aktive Seite hin. Ihre Bequemlichkeit hat aktiv zu werden, und die Dinge selbst in die Hand zu nehmen. Dies war für Renate nicht neu, sie hatte es bisher nur nicht umgesetzt, und es wurde ihr durch diesen Traum nochmals ins Bewusstsein gebracht.[5]

5 Auf Seite 39 und 143 werden weitere Erkenntnisse beschrieben, die Renate aus diesem Traum erhielt.

Abbildung 3: Traumsymbole sind Aspekte, Eigenschaften, Anteile von uns selbst.

Was ist ein Symbol?

Alle Personen, Tiere, Pflanzen, Gegenstände, Landschaften, Gebäude, Zahlen usw., alle Dinge, die wir in unseren Träumen berühren und sehen und mit den Sinnen wahrnehmen, sind Symbole. Das deutsche Wort für Symbol heisst Sinnbild. Es hat eine doppelte Bedeutung. Zum Einen erscheint das Symbol konkret als Sinn z. B. in Form eines Adlers. Wir nehmen ihn mit unseren Sinnesorganen wahr. Zum anderen ist es ein Bild für Eigenschaften wie z. B. Stolz, Kraft oder Freiheit. Vielleicht wirst Du jetzt sagen, für Dich bedeutet der Adler etwas anderes. Das stimmt! Diese Erkenntnis, dass jeder etwas anderes mit einem Symbol verbindet, ist das Grundprinzip unserer Traumarbeit.

Die Symbole, die uns im Traum erscheinen, sind Aspekte, Eigenschaften, Anteile von uns selbst! Erscheint im Traum z. B. eine Person, die wir überhaupt nicht leiden können, dann fragen wir uns, ob das, was wir an diesem Menschen nicht mögen auch in mir selbst zu finden ist. Der Traum möchte durch das Bild dieser Person, die wir nicht leiden können, auffordern, den gleichen Teil in mir zu erkennen. Diese Eigenschaft hindert uns möglicherweise im Augenblick daran, im Leben weiterzukommen.

Was wir tun, fühlen, denken und was wir sagen im Traum, sind keine Symbole. Nimm Deine Gefühle und Handlungen im Traum sehr direkt. Sie zeigen Dir Deine jetzige Einstellung und Haltung dem Leben gegenüber. Das, was wir im Traum denken, fühlen, sprechen und tun, muss nicht das Beste und Optimale sein. Es zeigt uns, wo wir im Leben gerade stehen, und wie wir uns in einer bestimmten Situation verhalten. Ob dieses Verhalten korrekt ist, kannst nur Du für Dich selbst beurteilen.

So, wie wir uns im Traum erleben, verhalten wir uns auch im Alltag, was uns oft nicht bewusst ist. Der Traum hilft, uns auf Verhaltensweisen und Muster aufmerksam zu machen, die wir im täglichen Leben nicht bemerken, und die uns häufig in unangenehme Situationen bringen. Hast Du Dir schon einmal die Frage gestellt: "Warum geschieht das immer mir?" Der Traum wird Dir eine Antwort geben und Dir zeigen, was Du tun kannst, um eine Veränderung zu bewirken.

Alle Traumsymbole haben für jeden Menschen eine eigene, individuelle Bedeutung. Wir haben alle unsere eigenen, persönlichen Erfahrungen gemacht. Jedes Symbol, jedes Bild im Traum kommt aus uns und hat daher eine persönliche Bedeutung, die nicht auf eine andere Person übertragen werden kann. Ich möchte eine kurze Übung mit Dir machen, um dies zu verdeutlichen.

Übung:

- Schliesse bitte für einen Moment die Augen und stelle Dir vor, Dir begegnet ein Hund.
- Wie sieht er aus. Ist er gross oder klein, hat er ein weiches Fell?
- Ist das Fell gut gepflegt oder zerzaust?
- Ist er freundlich oder eher aggressiv?
- Freust Du Dich, ihn zu sehen oder bist Du eher ängstlich?

Bei jedem Menschen wird sich ein anderer Hund als inneres Bild zeigen, und jede Person wird ein anderes Gefühl mit dem Hund verbinden, weil wir alle unterschiedliche Erfahrungen mit Hunden gemacht haben. Verstehst Du, dass wir unsere Träume nur selbst entschlüsseln können?

Wir können viel Unterstützung von Menschen bekommen, die Erfahrungen mit Träumen haben. Gerade, wenn wir beginnen, uns mit unseren Träumen zu beschäftigen, ist ein Traumseminar und z. B. eine regelmässige Traumgruppe sehr hilfreich. Dies möchte ich empfehlen, da ich bisher niemandem begegnet bin, der ausschliesslich aus Büchern heraus einen befriedigenden Zugang zu seinen Träumen bekommen hat. Es wird Dir niemand sagen können, was der Traum für Dich bedeutet, die Person kann Dich aber durch einfühlsames Fragen hinführen zur eigenen Erkenntnis. Diese findest Du ausschliesslich in Dir selbst. Wenn Du das Gefühl verspürst, "Das ist es", wenn Du innerlich bewegt bist, dann weisst Du, dass Du Dich dem Traum angenähert und Dir seine Botschaft zu eigen gemacht hast.

Alle Ein-Drücke, die unsere Seele jemals erlebt und nicht integriert hat; Schmerz, Freude, Angst, Trauer, Verlust usw. werden in den Träumen wieder offenbar. Alles Unterdrückte, alle Fähigkeiten in uns, die wir bisher nicht beachtet haben, und die ausgedrückt werden möchten. Der Traum möchte uns über die Bilder, die aus unserer Seele hochsteigen in unser Bewusstsein, auf Gefühle und Eigenschaften hinweisen, die wir nicht leben oder die uns hindern, ein letztendlich glückliches und befreites Leben zu führen.

Alles, was Du über die Bedeutung von Symbolen liest, nimm bitte als zusätzliche Hilfe und ich möchte betonen: Jedes Symbol in Deinem Traum hat für Dich einen eigenen, nicht vergleichbaren Sinn. Niemand hat Deine Erfahrungen gemacht. Du bist einzigartig!

Ausserdem mag ein Symbol heute für Dich einen anderen Sinn haben als morgen. Dein Erfahrungsschatz hat sich morgen um die Erlebnisse, die Du heute erfährst, erweitert. So wird auch das gleiche Symbol morgen eine andere oder ergänzende Information für Dich bereit halten.

Stelle Dir vor, Du hattest gestern einen wundervollen Tag mit Deinem Partner. Heute morgen wachtest Du mit einem Traum auf, in dem Dein Partner vorkam. Stelle Dir weiter vor, Du hättest heute einen grossen Krach mit ihm. Morgen taucht er wieder in Deinem Traum auf. Es ist unwahrscheinlich, dass der Traum Dir mit dem Bild Deines Partners in beiden Fällen das gleiche mitteilen möchte. Bedenke, dass der Traum uns über seine Bilder und Symbole auf Gefühle und Eigenschaften in uns aufmerksam machen möchte. Im ersten Fall mag Dein Partner auf Deine liebevolle Seite hinweisen, im zweiten Traum möglicherweise auf einen unbeherrschten Teil in Dir. Aus der Handlung des Traumes heraus wird ersichtlich, wie diese Gefühle Dich beeinflussen, und wie Du mit ihnen umgehen kannst.

Die Bedeutung der Symbole kann sich für uns ändern, abhängig von unseren Erfahrungen, die wir im Laufe der Zeit machen.

Wir entschlüsseln daher die Symbole für jeden Traum neu.

Abbildung 4: Die Entschlüsselung der Traumsymbole

Die Entschlüsselung des Traumes

Die Reise auf den Berg

Wir kommen zu dem zentralen Teil der Traumarbeit, dem Entschlüsseln der Symbole. Nimm Dir für dieses Kapitel etwas Zeit. Lese es am besten einmal durch und mache Dich dann Schritt für Schritt mit der Technik des Entschlüsselns vertraut. Die Reise auf den Berg birgt den Schlüssel zur Erkenntnis Deiner Träume.

Du hast das Traumbuch mit Deinem aufgeschriebenen Traum vor Dir liegen und die Symbole unterstrichen und auf die rechte Seite des Traumbuches geschrieben. Bevor Du beginnst, Deine Träume zu entschlüsseln, gehe für einige Augenblicke in die Stille. Vielleicht möchtest Du Dir einen Traumplatz einrichten, an dem Du Dich zurückziehen kannst, wenn Du Dich mit Deinen Träumen beschäftigst. Wir können ein kleines Ritual aus der Entschlüsselung unseres Traumes machen, eine Kerze anzünden, und ein Gebet mit der Bitte um Führung und Erkenntnis sprechen. In der Stille können wir Kontakt mit dem Höheren Selbst, mit unserer Seele, aufnehmen und die Botschaften an uns empfangen. Stelle Dir das Höhere Selbst nicht als etwas vor, das weit entfernt im Kosmos schwebt - es ist in Dir! Du findest und berührst es in Deinem Herzen.

Du hast jetzt einen Traum vor Dir, den Du entschlüsseln möchtest. Stelle Dir vor, dass Deine Seele über den Traum Kontakt mit Dir aufnehmen und Dir etwas mitteilen möchte. Die Seele spricht über Symbole, über Bilder zu uns. In jedem Symbol sind Informationen und Hilfen für uns enthalten. Du hast bestimmt die Erfahrung gemacht, dass ein Symbol im Traum ein oder mehrere Gefühle in Dir auslöst. Es kann Freude sein, Leichtigkeit, aber auch Unwohlsein oder Beklemmung. Die Gefühle, die wir den Symbolen gegenüber empfinden, sind ein Schlüssel für ihre Entschlüsselung. Unsere Seele spricht besonders über Gefühle zu uns. Achte in der Begegnung mit den Traumsymbolen auf Deine Gefühle. Erlaube Dir, sie zuzulassen. Sie sind Wegweiser, die Dich zur Erkenntnis führen.

Die Entschlüsselung der Traumymbole

Begebe Dich zu Beginn der Traumentschlüsselung in eine entspannte und angenehme Haltung. Vielleicht hast Du eine Methode für Dich gefunden, um schnell in einen entspannten Zustand zu kommen. Als Anregung möchte ich Dir folgende Einstimmung geben. Setze Dich dazu am besten auf einen Stuhl, die Beine nebeneinander, so dass Du mit Deinen Füssen einen guten Kontakt zum Boden hast. Der Rücken ist aufgerichtet. Schliesse Deine Augen und nehme die Teile Deines Körpers wahr, die mit der Umwelt Berührung haben (die Füsse zum Boden, das Becken zur Sitzfläche usw.). Richte Deine Aufmerksamkeit nun auf Deinen Atem und verfolge, wie er durch die Nase in den Körper strömt und ihn wieder verlässt. Bitte das Höhere Selbst, Gott oder eine andere Form, die Dich anspricht, darum, Dich durch diesen Traum zu führen und Dir genau die Botschaften und Hilfen zu geben, die Du jetzt benötigst. Diese Einstimmungsübung dauert ca. eine Minute. Je intensiver Du Dich in diese kurze Übung hineinbegibst, umso leichter werden sich die Symbole entschlüsseln!

Richte jetzt Deine Aufmerksamkeit auf den Teil des Traumes, in dem sich Dein erstes Symbol befindet. Nimm Kontakt mit diesem Symbol auf, nimm es an die Hand oder in die Hand und bleibe mit dem Symbol in ständigem Kontakt. Dann gehst Du auf einen Berg zu und beginnst, ihn zu besteigen. Du gehst in eine Wolkenwand hinein, durchwanderst sie, immer im Kontakt mit dem Symbol und gelangst wieder ins Freie und Helle. Gehe weiter bis zur Bergspitze und setze Dich, oben angekommen, dem Symbol gegenüber. Lasse das Licht der Sonne und der Wahrheit auf Dich und das Symbol strahlen und frage dann ganz liebevoll Dein Symbol: "Was bist du von mir? Welcher Teil bist du von mir?" Dann sei einfach nur... und lasse zu, dass die Antwort kommt. Der erste Gedanke, der Dir bewusst wird, ist die Antwort. Denke nicht weiter darüber nach! Notiere diesen Gedanken neben dem aufgeschriebenen Symbol. Meistens ist es ein einzelnes Wort, es kann auch ein Satz sein.

Hast Du eine Antwort bekommen und neben das Symbol geschrieben, begebe Dich mit Deiner Aufmerksamkeit in den Teil des Traumes, wo sich Dein zweites Symbol befindet. Gehe mit dem Symbol in Richtung Berg, besteige ihn und komm durch die Wolken zur Bergspitze. Frage Dein

Symbol und schreibe die Antwort auf. Dies machst Du, bis Du alle Symbole entschlüsselt hast. Nachdem Du alle erhaltenen Antworten neben die Symbole geschrieben hast, kannst Du Deine Entschlüsselungen zum besseren Verständnis auch noch über die Symbole in dem aufgezeichneten Traum schreiben.[6]

Lese den Traum jetzt noch einmal und zwar mit den Entschlüsselungen. Du wirst spüren, wie sich der Traum auf Deine momentane Lebenssituation, Deine Gedanken und Gefühle bezieht. Frage Dich: "Auf welche Situation in meinem Leben bezieht sich die Entschlüsselung des Traumes?" "Was habe ich jetzt zu beachten?" Achte auf Deine Gefühle! Sie führen Dich zu der Erkenntnis, die der Traum Dir mitteilen möchte. Der erste Gedanke, der Dir kommt ist der richtige. Vertraue Dir! Schreibe in ein, zwei Sätzen Deine Erkenntnis auf und überlege, wie Du sie in den Alltag umsetzen und praktizieren kannst. Zum Abschluss bedanke Dich beim Höheren Selbst für die Führung und Erkenntnis, die Du erhalten hast.

Die Reise auf den Berg ist eine sichere und zuverlässige Möglichkeit, die Symbole zu entschlüsseln. Einer Teilnehmerin eines Seminares war es allerdings nicht möglich, in ihrer Vorstellung auf den Berg zu gehen. Sie sagte, dass sie jedesmal, anstatt auf den Berg, zu einer kreisrunden Lichtung in einem Wald geführt wurde. Sie setzte sich in die Mitte dieser Lichtung dem Symbol gegenüber und fragte es: "Was bist du von mir? Welcher Teil bist du von mir?". Die Sonne schien im hellen Lichte auf sie herab und die Symbole offenbarten sich ihr klar und deutlich.

Das Höhere Selbst weiss am besten, auf welche Art und Weise wir die Botschaften am vollkommensten empfangen können. Da wir die Entschlüsselung unserer Träume abgeben und um Führung bitten, mag das Höhere Selbst, unsere Seele, uns im Einzelfall einen anderen Weg zeigen, der für uns noch besser, noch leichter ist. Solltest Du diese Erfahrung machen, vertraue auf Deine innere Führung.

---

6 Siehe Musterbeispiele auf den Seiten ab Seite 26 (Traumtagebuch)

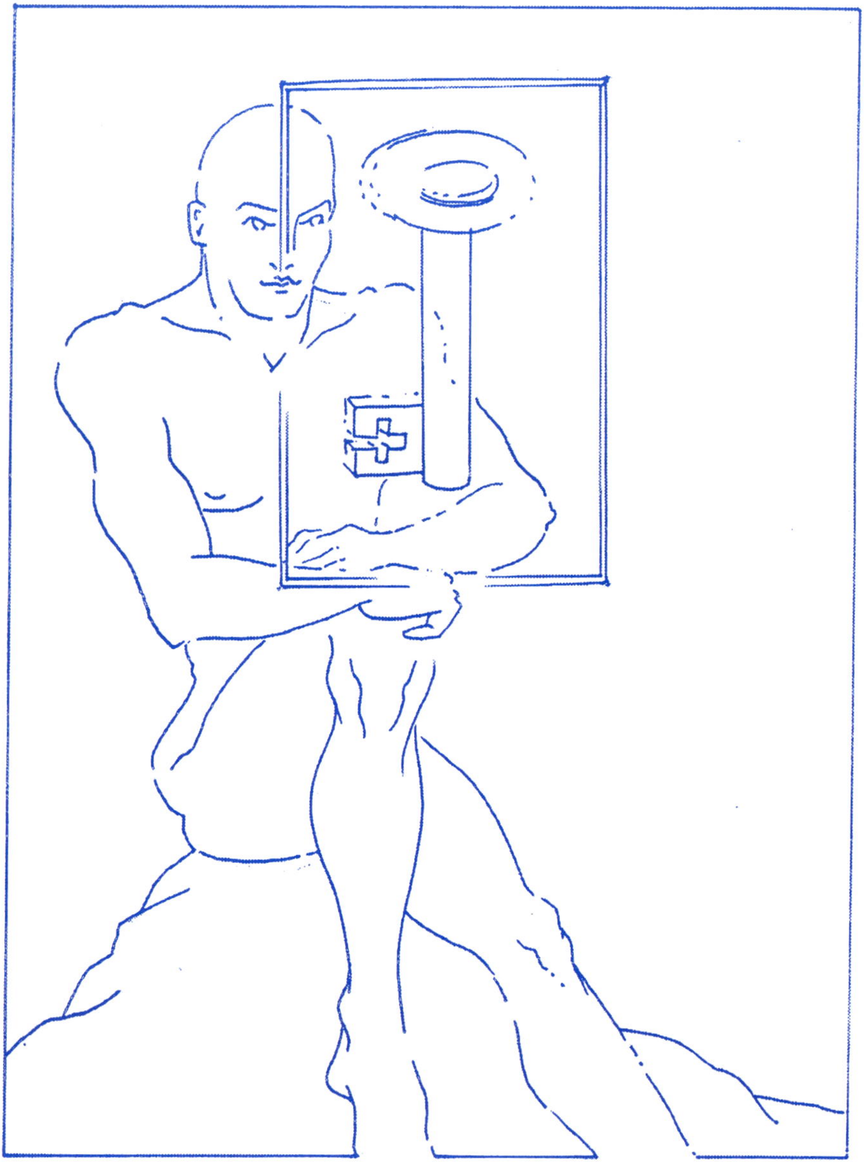

Abbildung 5: „Was bist du von mir? Welcher Teil bist du von mir?“

Die Traumbotschaft

Wir gehen Schritt für Schritt durch Renates Traum[7] und lassen uns zu der Erkenntnis führen, die der Traum ihr übermitteln möchte.

Traum:

Ein Mann liegt mit Fieber im Bett. Er sagt zu einer Frau: "Es ist schön, dass ich bei dir bleiben darf, da ich Zuhause nicht umsorgt werde." Die Frau gibt ihm zu verstehen, dass sie viel zu tun hat und sich nicht um ihn kümmern kann. Sie sagt zu ihm: "Verlasse dich nicht auf mich. Es liegt in deiner Verantwortung, wieder gesund zu werden."

Entschlüsselung:

Mann - Subtile Bequemlichkeit
Fieber - Deine unerledigten Arbeiten, die dich ins Schwitzen bringen
Bett - Deine Faulheit
Frau - Wahre Liebe
Zuhause - Dein Glück, dass du nicht erkennst

Ihre Übersetzung lautet:

Meine subtile Bequemlichkeit (Mann) liegt mit unerledigten Arbeiten, die mich ins Schwitzen bringen (Fieber) in meiner Faulheit (Bett). Die subtile Bequemlichkeit sagt zu der wahren Liebe (Frau): "Es ist schön, dass ich bei dir bleiben darf, da ich in meinem Glück, dass ich nicht erkenne (Zuhause), nicht umsorgt werde." Die wahre Liebe gibt der subtilen Bequemlichkeit zu verstehen, dass sie viel zu tun hat und sich nicht um sie kümmern kann. Die wahre Liebe sagt zu der subtilen Bequemlichkeit: "Verlasse dich nicht auf mich. Es liegt in deiner Verantwortung, wieder gesund zu werden."

Der Traum möchte, dass wir uns Fragen stellen. Die Fragen führen uns zu den Antworten, die uns weiterhelfen. Wir besprechen jetzt Renates Traum

---

7 Seite 30

Satz für Satz. Gehst Du in dieser Form mit Deinen Träumen vor, wirst Du viele Erkenntnisse für Dich gewinnen.

Erster Satz: Ein Mann liegt mit Fieber im Bett.

Übersetzung: Meine subtile Beqemlichkeit (Mann) liegt mit unerledigten Arbeiten, die mich ins Schwitzen bringen (Fieber) in meiner Faulheit (Bett).

Wo und wann bin ich zur Zeit subtil bequem? Es wird eine Bequemlichkeit sein, die Renate nicht bewusst ist und die sie daran hindert, in irgendeiner Sache voranzukommen. Welche Arbeit, welche Aufgaben schiebe ich vor mir her, die eigentlich erledigt werden müssten?

Zweiter Satz: Er sagt zu einer Frau: "Es ist schön, dass ich bei dir bleiben darf, da ich Zuhause nicht umsorgt werde."

Übersetzung: Die subtile Bequemlichkeit sagt zu der wahren Liebe (Frau): "Es ist schön, dass ich bei dir bleiben darf, da ich in meinem Glück, das ich nicht erkenne (Zuhause), nicht umsorgt werde."

Der Traum fordert heraus, uns in Frage zu stellen. Wo und von wem lasse ich mich aus Bequemlichkeit umsorgen? Wo benutze ich meine subtile Bequemlichkeit, um etwas nicht erkennen zu müssen? Welche Ausreden habe ich für meine subtilen Bequemlichkeiten? Der Traum fordert Renate auf, ihre Bequemlichkeit aufzugeben, die sie daran hindert, ihr Glück zu erkennen. Dieses findet sie nicht im Äusseren, sondern nur in sich selbst, in ihrem Zuhause.

Dritter Satz: Die Frau gibt ihm zu verstehen, dass sie viel zu tun hat und sich nicht um ihn kümmern kann. Sie sagt zu ihm: "Verlasse dich nicht auf mich. Es liegt in deiner Verantwortung, wieder gesund zu werden."

Übersetzung: "Die wahre Liebe gibt der subtilen Bequemlichkeit zu verstehen, dass sie viel zu tun hat und sich nicht um sie kümmern kann. Die wahre Liebe sagt zu der subtilen Bequemlichkeit: "Verlasse dich nicht auf mich. Es liegt in deiner Verantwortung, wieder gesund zu werden."

Die wahre Liebe, ein Anteil von Renate, sagt, dass sie sich nicht um Renates Bequemlichkeit kümmern kann, da andere Aufgaben auf sie warten. Die Botschaft dieses Abschnittes ist deutlich. "Höre auf, deine Bequemlichkeit zu umsorgen." Nur wenn Renate die Verantwortung für sich selbst übernimmt, aktiv wird, ihre aufgeschobenen Sachen erledigt, wird sie wieder gesunden und ihr Glück finden. Sie schrieb folgende Erkenntnis in ihr Traumbuch: "Ich habe aus meiner Bequemlichkeit herauszukommen und meine unerledigten Aufgaben anzugehen. Dies führt mich in mein Glück."

Wir können weitere Einzelheiten erfahren, in dem wir mit den Symbolen kommunizieren. Renate ging zu einem späteren Zeitpunkt nochmals in den Traum hinein, stellte ihren Symbolen auf der Bergspitze verschiedene Fragen und erhielt für sich überraschende und erhellende Antworten.

Renate zum Mann (subtile Bequemlichkeit): "Liebe Bequemlichkeit, was möchtest du mir sagen?"

Mann (subtile Bequemlichkeit): "Ich bin dein mangelnder Antrieb, deine Angst, die Dinge im Leben nicht bewältigen zu können."

Renate: "Was kann ich für dich tun?"

Mann: "Mir fehlt deine Kraft und deine Liebe, die du mir nicht gibst. Erst dann kann ich mich ändern."

Renate zum Fieber (unerledigte Arbeit): "Liebe unerledigte Arbeit, was möchtest du mir sagen?"

Fieber (unerledigte Arbeit): "Ich bin deine angestauten Gefühle. Im Aussen vermeidest du unangenehme Aufgaben und im Inneren unterdrückst du deine Gefühle."

Renate zur Frau (wahre Liebe): "Liebe Frau, was möchtest du mir sagen?"

Frau (Liebe): "Ich bin dein inneres Licht, das dir den Weg zeigt; vertraue mir!"

Renate zum Zuhause (Glück): "Liebes Glück, was möchtest du mir sagen?"

Zuhause (Glück): "Ich bin dein Zuhause in dir, dem du so sehr misstraust. Mach es dir in dir gemütlich. Nur dort wirst du wahre Geborgenheit finden."

Renate zur Frau (wahre Liebe): "Was kann ich tun, um das Glück in mir zu finden? Was kann ich tun, um mein Leben zu verbessern?"

Frau: "Schau dir an, was du verändern möchtest und beginne dann Schritt für Schritt, es zu verwirklichen. Ich helfe dir dabei. Zuerst muss dir klar sein, was du verändern möchtest."

Renate: "Liebes Höhere Selbst, bitte zeige mir, was ich zu verändern habe? Was tut mir jetzt gut?"

Höheres Selbst: "Beginne, dich selbst ein wenig mehr zu lieben. Hast du dich jemals nur zu einem Teil so geliebt, wie du deine Katze liebst? Hast du dir jemals die Zuwendung entgegengebracht, die du ihr gibst?... Entferne all die Dinge in deiner Wohnung, die du nicht mehr magst. Schaffe dir ein äusseres Umfeld, in dem du dich sehr wohl fühlst..."

Wie Du siehst, kommen wir durch diese Form von Dialog an tiefere, unbewusste Schichten in uns heran, die wir nach und nach lösen können. Habe keine Bedenken, dass die Träume uns überfordern könnten. Uns wird nur das aufgezeigt, was uns in unserer augenblicklichen Entwicklung weiterkommen lässt. Uns werden genau die Muster, Ängste, Zweifel und Gewohnheiten gezeigt, die jetzt angeschaut und aufgelöst werden können. Vertraue darauf, dass Du die Antworten erhältst, die Dir weiterhelfen. Gehe spielerisch und leicht mit den Symbolen um, Du wirst beständige Informationen und Unterstützung von ihnen bekommen.

Schwierigkeiten bei der Entschlüsselung eines Symbols und der Umgang mit ihnen

Es erscheint kein Berg

Auch ein Hügel ist in Ordnung. Sei Dir bewusst: die Bergspitze symbolisiert das Höhere Selbst. Von dort erhalten wir die Antworten. Bei einer Teilnehmerin war der Berg eine Sanddüne. Jedes innere Bild, das aus Dir herauskommt, ist gut. Es gibt kein richtig oder falsch!

Du hast Angst, das Symbol zu berühren

Eine Träumerin hatte eine aggressive Giftschlange mit auf den Berg zu nehmen und war nicht bereit, sie anzufassen. Sie bat das Höhere Selbst, ihr zu zeigen, wie sie diese Schlange auf den Berg transportieren könnte. Ihr wurde ein Käfig mit dreifachen Wänden gegeben, indem sie die Schlange ohne Angst hochtragen konnte.

Bitte in allen Situationen, in denen Du nicht weiterkommst, das Höhere Selbst um Hilfe! Sie wird Dir augenblicklich gewährt. Habe Geduld mit Dir. Mache Dich ganz leer, um Deine innere Stimme wahrzunehmen. Diese Stimme kommt aus dem Herzen. Was uns der Verstand sagt, entsteht im Kopf. Spüre in den feinen Unterschied hinein. Die innere Stimme fühlt sich weicher, zarter und auch leiser an - dennoch ist sie bestimmt und wahrhaftig.

Das Symbol weigert sich, auf den Berg oder durch die Wolken zu gehen

Bitte wieder das Höheres Selbst um Hilfe und erlaube Dir, die inneren Bilder oder das, was Dir gesagt wird, zuzulassen. Eine Teilnehmerin hatte einen Dinosaurier hochzutragen, der um sich biss und nicht von der Stelle zu bewegen war. Das Höhere Selbst schickte ihr vier Hubschrauber, der Dinosaurier wurde betäubt, in einen Stahlkäfig gebracht und über Stahlseile auf den Berg geflogen. Ist das Symbol zu gross, wie z. B. ein Haus oder eine Stadt - verkleinere es und nimm es in die Hand. Lasse geschehen, was Dir innerlich gegeben wird.

Die Wolken stehen für das uns Unbewusste. Es ist wichtig, dass wir sie mit dem Symbol durchschreiten. Durchwandere die Wolken und lasse das Unbewusste hinter Dir. Gehe weiter den Berg hinauf, in die Klarheit hinein. Auch wenn Du bereits ahnst, was das Symbol Dir sagen möchte, nimm es mit auf den Berg, um eine Bestätigung zu bekommen.

Das Symbol verändert sich in den Wolken

Achte darauf, wie sich das Symbol auf dem Weg zur Bergspitze verhält. Wehrt es sich? Ist es ängstlich, abweisend oder anhänglich? Es zeigt Dir, welche Gefühle Du diesem Teil von Dir entgegenbringst.

Das Symbol mag in den Wolken heller werden oder eine ganz andere Form annehmen. Manchmal zeigt es sein wahres Gesicht, sobald Du in die Wolken hineingehst. Eine unscheinbare Person kann sich in einen wütenden Unhold verwandeln. Eine vertrocknete Pflanze kann zu einer wunderschönen Blume werden oder zu einem ganz neuen Symbol. Lass' es geschehen und nimm Deine inneren Bilder an, ohne sie zu bewerten.

Eine Frau schrieb mir folgenden Traum:

"Am Strand liegen zwei längliche Hölzer, von Wind und Wasser ausgelaugt. Strandgut."

"Die Hölzer lassen sich nicht mit auf den Berg nehmen, sie weigern sich. Ich nehme 8 bis 10 m lange Stricke, binde die Hölzer daran und ziehe sie schwer bergauf. An der Nebelwand verwandelt sich plötzlich das eine Holzstück in eine muntere Hummel, die mir auf der Nasenspitze herumtanzt. Auf der Bergspitze entschlüsselt sich die Hummel als "mein Übermut" und das andere Stück Holz als "mein Schwermut". Beides ausgelaugte Eigenschaften.

Vor einigen Jahren war mein Mann verstorben und noch immer hatte ich die Schwermut nicht durchlebt, noch konnte ich den Übermut leben. Der Traum hat mir tiefe Einblicke in mein wahres Innere gegeben. Ich habe bewusst die Schwermut und Trauer durchlebt und überwunden, und der Übermut hat allmählich wieder seinen Platz gefunden."

Du verstehst die Entschlüsselung nicht

Wenn Du das Gefühl hast, die Antwort hat nichts mit Dir zu tun - bedenke, das alles Du bist. Jeder Gedanke und jedes Gefühl, jedes Wort und jede Tat bist Du und es hat nur mit Dir, mit Deinem Leben zu tun.

In den Träumen einer Frau tauchte über mehrere Jahre ein Bekannter auf. In der Entschlüsselung auf der Bergspitze sagte dieser Bekannte immer wieder: "Ich bin deine Traurigkeit." Sie verspürte keine Trauer in sich und konnte mit diesem Symbol nichts anfangen. Als ich sie nach dem Gegenpol von Trauer fragte, sagte sie "Freude" und mit diesem Wort schossen ihr Tränen in die Augen. Ein Film mit vielen traurigen und schmerzhaften Bildern, von ihrer Kindheit bis zur Gegenwart, lief vor ihrem inneren Auge ab. Verletzungen ihrer Seele, die nicht verheilt waren.

Ihr Bekannter symbolisierte im Traum ihre Traurigkeit, die sie verdrängt hatte und sie daran hinderte, auch ihre Freude zu leben. Trauer hatte sie bisher nie bewusst bei ihm wahrgenommen, genau so wenig, wie in sich selbst. Ihr fiel ein, dass sie ihren Bekannten aber auch niemals fröhlich erlebt hat. Der Traum hätte kein besseres Symbol wählen können, um ihren Zustand aufzuzeigen. Er gibt ihr die Botschaft, dass die Zeit gekommen ist, sich ihrer Traurigkeit zu stellen, sie anzunehmen und sich aktiv mit ihr auseinanderzusetzen.

In einem anderen Fall träumte eine Person von einem strengen und unsymphatischen Mann, den sie als ihre Kontrolle entschlüsselte. Als Polarität fiel ihr "geschehen lassen" ein. Sie erkannte ihre Angewohnheit, alles in ihrem Leben kontrollieren zu wollen. Ihre Familie, Arbeitskollegen usw. Sie hatte Angst, dass etwas Unvorhergesehenes ihr Leben aus der Bahn bringen könnte, und sie hatte sich ein Lebensmuster gewebt, alles zu strukturieren, vorauszuplanen und dann zu kontrollieren. Dadurch gab es immer wieder Schwierigkeiten in ihren zwischenmenschlichen Beziehungen. Weitere Träume führten sie an die Ursachen ihrer Angst heran.

Löst die Entschlüsselung des Symbols kein Gefühl in Dir aus, stelle Dir den Gegenpol vor, z. B. Trauer - Freude, Kontrolle - geschehen lassen usw.

Übung:

Ich möchte Dir eine Übung zeigen, die Herz und Verstand, Fühlen und Denken, miteinander verbindet und Dich zu Deiner Intuition führt:

1. Konzentriere Dich auf das Dritte Auge. Es liegt auf der Stirn zwischen den Augenbrauen.
2. Visualisiere einen Lichtstrahl vom Dritten Auge zu Deiner Bergspitze, die das Höhere Selbst symbolisiert, und der von dort sofort zu Deinem Herzchakra (zwischen 4. und 5. Brustwirbel) zurückströmt.
3. Verweile einen Augenblick im Herzchakra und spüre die Wärme.
4. Richte den Lichtstrahl erneut zum Dritten Auge und wiederhole die Übung einige Male. Beende sie im Herzchakra. Sie benötigt nur wenige Sekunden.

Wenn Du das Gefühl hast, Dein Verstand kommt Dir bei der Entschlüsselung in die Quere, dann probiere es mit dieser Übung. Sie zentriert Dich und hilft Dir, in Deine Mitte zu kommen.

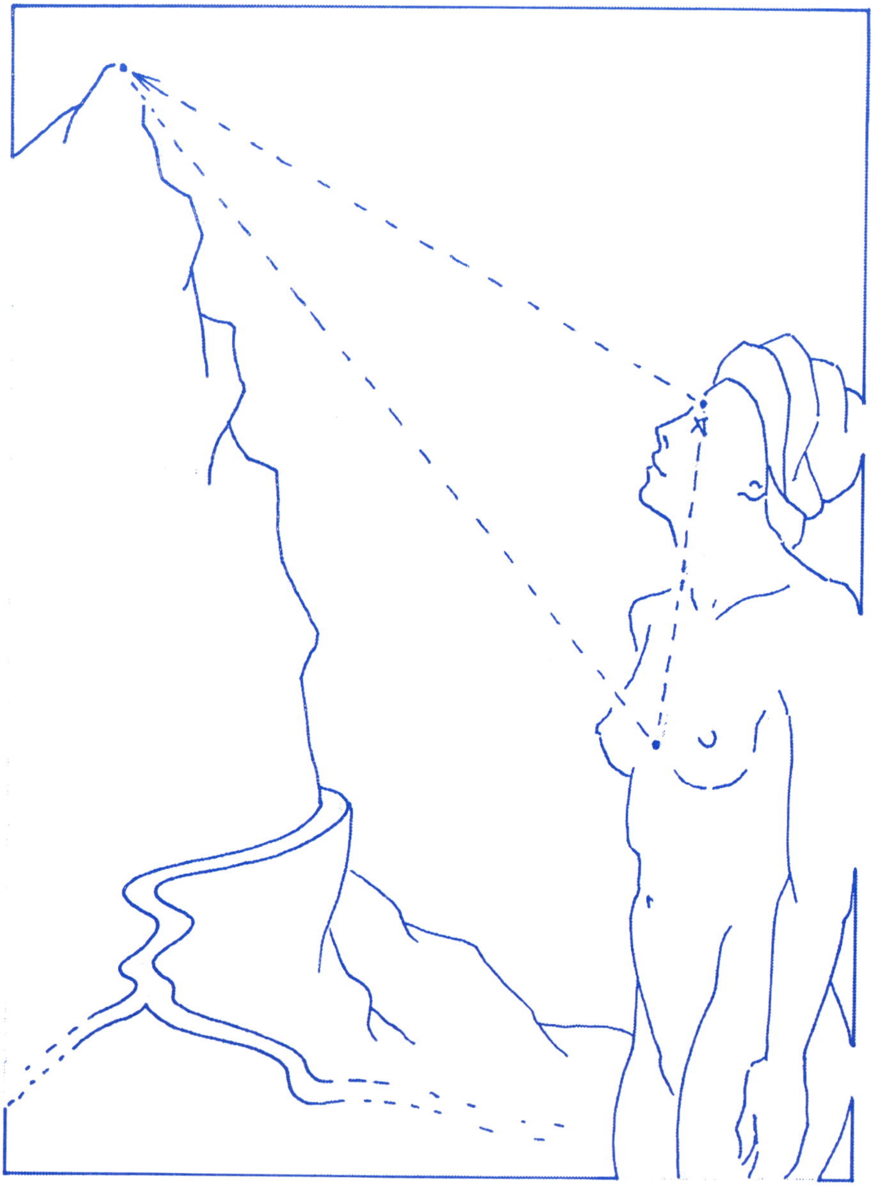

Abbildung 6: Herz und Verstand miteinander verbinden

Du hörst keine Antwort vom Symbol

Auch ein Schweigen ist eine Antwort. Spreche mit dem Symbol. "Ich lasse alle Ängste und Widerstände los, die mich daran hindern, zu erkennen, was Du von mir bist. Ich nehme dich so an, wie Du bist. Bitte sage mir, welcher Teil bist Du von mir, was möchtest Du mir sagen?" Gehe achtsam mit den Symbolen um; Sie sind Teile von Dir.

Führe einen Dialog mit dem Symbol. Es gibt Dir immer eine Antwort! Sei offen und bereit, sie zu empfangen. Ich sass in einem Traum einem dunkelhäutigem Mädchen gegenüber, das hartnäckig stumm blieb. Alles Zureden half nichts. Dieses Mädchen war verängstigt, klammerte sich an mich und fing an zu schluchzen, ich sollte es nicht verlassen. Ich war tief berührt, spürte ich doch, dass es etwas war, was ich in meinem Leben verdrängt, zurückgestossen hatte. Es brauchte eine lange Zeit, bis es mir ins Ohr flüsterte: "Ich bin dein Vertrauen".

Dies geschah zu Beginn meiner Traumarbeit und mir wurde bewusst, dass ich meiner Arbeit und mir selbst immer noch zu wenig vertraute, mich immer noch zu sehr von den Meinungen anderer abhängig machte. Dieses Mädchen ist seitdem an meiner Seite und lässt es mich wissen, wenn ich wieder aus meinem Vertrauen falle.

Das Symbol des dunkelhäutigen Mädchens gab mir viele Informationen, schon bevor es bereit war, sich "preiszugeben". Dunkelhäutig = Ein Anteil ist mir noch sehr unbewusst. Kleines, ängstliches Mädchen = Ein weiblicher Teil von mir, der Zuwendung und Schutz benötigt und sich noch nicht selbständig im Leben behaupten kann.

Statt einer Antwort mag auch ein anderes Symbol erscheinen. Spreche dann mit diesem Symbol. Es kann auch eine vergangene Situation auftauchen. Diese ist dann möglicherweise noch nicht vollständig geklärt. Manche bekommen statt eines Wortes ein Gefühl übermittelt. Spüre in dieses Gefühl hinein. So kannst Du Dich Schritt für Schritt vortasten. Komme aber immer wieder auf den Dialog mit dem Symbol zurück, um eine Antwort zu erhalten.

Eine Entschlüsselung berührt uns im Innersten. Es mag sich physisch ausdrücken in einem tiefen Atem, einem Seufzer, einem Kribbeln, einer

Gänsehaut. Es mag auch Wut und Abwehr hochkommen oder ein heftiger Impuls: "Das stimmt nicht, das kann nicht sein". Dann wissen wir, wir sind am Kern.

Nach der Entschlüsselung des Traumes sollte ein AHA-Effekt eintreten. Ein Gefühl des inneren Verstehens: "Mir ist etwas klargeworden." Es gibt grosse Träume, in denen die Erkenntnis in Worten kaum zu beschreiben ist. Du fühlst Dich leicht und licht und Du weisst, etwas Wunderbares ist geschehen. Zumeist enthalten unsere Träume aber ganz praktische Hinweise und Erkenntnisse, die wir kurz und klar formulieren und aufschreiben, damit sie uns nicht wieder verloren gehen.

Die Sprache der Träume zu verstehen, ist mit Hilfe der hier vorgestellten Methode mit etwas Übung leicht erlernbar. Das Wissen über die individuelle Bedeutung der Traumsymbole ist in jedem von uns vorhanden. Über diese Form der Entschlüsselung, die durch einen Traum gegeben wurde, wird Dir das innere Wissen bewusst. So, wie wir ein Instrument oder eine Sprache für uns entdecken und ihnen Schritt für Schritt ihre Geheimnisse entlocken, so nähern wir uns liebevoll unseren Träumen an. Je mehr Zuwendung wir ihnen geben, umso mehr offenbaren sie uns ihre Reichtümer und ihren Zauber.

Zusammenfassung, wie ein Traum entschlüsselt wird

- Begebe Dich in einen entspannten Zustand.
- Versetze Dich in den Teil des Traumes hinein, indem sich das erste Symbol befindet.
- Nimm das Symbol an die Hand oder in die Hand.
- Besteige mit dem Symbol den Berg.
- Gehe durch die Wolken hindurch. Hier kann sich das Symbol verändern. Gehe weiter bis zur Bergspitze.
- Auf der Bergspitze setzt Du Dich dem Symbol gegenüber. Frage liebevoll und voller Vertrauen: "Was bist du von mir? Welcher Teil bist du von mir?"
- Der erste Gedanke, der Dir ins Bewusstsein dringt, ist die Antwort, die Entschlüsselung. Schreibe Deine Antwort sofort auf ohne weiter darüber nachzudenken oder zu werten!
- Richte Deine Aufmerksamkeit auf das nächste Symbol, führe es auf den Berg und fahre fort, bis alle Symbole auf dem Berg entschlüsselt sind.
- Gehe in einem zügigen Tempo auf den Berg. Nicht zu langsam, sonst kommen Dir andere Gedanken, die Dich ablenken.
- Lese den Traum erneut mit der Entschlüsselung durch.
- Frage das Höhere Selbst, welche Erkenntnis es Dir durch den Traum zukommen lassen möchte.
- Schreibe Deine Erkenntnis auf, und wie Du sie in den Alltag umsetzen kannst.
- Danke dem Höheren Selbst für die Führung.

Entschlüssele bitte alle Symbole auf der Bergspitze. Dort erfährst Du ihre wirkliche Bedeutung!

Entschlüsselte Traumbeispiele

Traum:

Eine Frau wird von einer Journalistin über ihre Arbeit interviewt. Die Frau hat ihren Terminkalender aufgeschlagen, in denen sie ihre Interviewtermine mit Presse und Rundfunk und ihre Vorträge und Seminare eingetragen hat. Die Journalistin ist sehr skeptisch und ich spüre, dass sie nicht an die Arbeit von der Frau glaubt. Ich spreche die Journalistin an und sage ihr, dass ich die gleiche Arbeit tue mit wunderbaren Ergebnissen.

Entschlüsselung:

Frau - Wahrheit
Journalistin - Skepsis
Arbeit - Deine Traum- und Releasing-Loslass-Arbeit
Terminkalender - Deine kommenden Aufgaben
Interviewtermine - Öffentlichkeitsarbeit
Presse und Rundfunk - Öffentlichkeit
Vorträge und Seminare - Gebe Seminare, halte Vorträge
Ergebnisse - Erfolg

Übersetzung:

Die Wahrheit (Frau) wird von der Skepsis (Journalistin) über meine Traum und Releasing-Loslass-Arbeit (Arbeit) interviewt. Die Wahrheit hat ihre kommenden Aufgaben (Terminkalender) aufgeschlagen, in denen sie ihre Öffentlichkeitsarbeit (Interviewtermine) mit der Öffentlichkeit (Presse und Rundfunk) und ihre Vorträge und Seminare (Vorträge und Seminare) eingetragen hat. Die Skepsis ist sehr skeptisch und ich spüre, dass sie nicht an die Traum- und Releasing-Loslass-Arbeit von der Wahrheit glaubt. Ich spreche die Skepsis an und sage ihr, dass ich die gleiche Traum- und Releasing-Loslass-Arbeit tue und wunderbare Erfolge (Ergebnisse) erziele.

Erkenntnis:

Der Traum kam in einer Phase, in der ich auf der einen Seite das Gefühl hatte, meine Arbeit in Form von Seminaren weiterzugeben, auf der anderen Seite fühlte ich mich dem absolut nicht gewachsen und unternahm auch keine Schritte in diese Richtung. Der Traum machte mir deutlich, welche Aufgaben ich zu erfüllen hatte nämlich die, über die die Frau - die Wahrheit - interviewt wurde. Der Traum zeigte mir meinen inneren, unbewussten Dialog zwischen meiner Skepsis, die nicht an meine Arbeit glaubt und der Wahrheit, die Vorträge und Seminare hält. Ich stelle mich im Traum auf die Seite der Wahrheit und unterstütze sie. Der Traum sagte mir wörtlich, dass ich mit dieser Arbeit wunderbare Erfolge erzielen werde, was sich ebenfalls bewahrheiten sollte.

Den folgenden Traum erhielt ich vier Monate später. Er wies mich sehr klar auf die Aufgaben hin, die ich anzugehen hatte.

Traum:

Ich befinde mich in einem Praxisraum. Ein Arzt möchte mir eine weisse Flüssigkeit in die Augen spritzen. Er sagt, ich soll keine Angst vor der Spritze haben, der Inhalt ist gut für mich. Ich denke, das hat noch Zeit, doch der Arzt nimmt die Spritze und will sie mir sofort ins Auge injizieren. Ich wache vor Schreck auf.

Entschlüsselung:

Praxisraum - Klarheit
Arzt - Weisheit
Weisse Flüssigkeit - Wahrheit
Augen - Das Sehen
Spritze - Schmerz

Übersetzung:

Ich befinde mich in der Klarheit (Praxisraum). Die Weisheit (Arzt) möchte mir Wahrheit (weisse Flüssigkeit) in mein Sehen (Augen) spritzen. Sie sagt, ich solle keine Angst vor dem Schmerz (Spritze) haben, die Wahrheit ist gut für mich. Ich denke, das hat noch Zeit, doch die Weisheit nimmt den Schmerz und will mir die Wahrheit sofort in mein Sehen injizieren. Ich wache vor Schreck auf.

Erkenntnis:

Der Traum zeigte mir meine Angst vor der Wahrheit, vor dem, was ich zu tun hatte. Ich solle meine Augen doch endlich der Wahrheit gegenüber öffnen, sie annehmen und umsetzen. Ein dreiviertel Jahr später träumte ich von einer hochgiftigen Schlange, die mich biss und sich dann auf meinen Brustkorb legte. Auf der Bergspitze sagte sie mir: "Ich bin Deine Angst, mit der du dich hinderst, Traumseminare zu geben." Dies war der auslösende Traum, es endlich in die Tat umzusetzen.

Hilfen und Anregungen für die Entschlüsselung!

- Betrachte den Traum auf Dich bezogen, denn Du bist der Träumer. Dir wurde der Traum gegeben.
- Setze jeden Traum in Beziehung zur augenblicklichen Lebenssituation.
- Frage: "In welcher Situation fühle ich mich im gegenwärtigen Leben wie im Traum?"
- Achte darauf, was Du im Traum meidest oder unterlässt! Laufen wir vor etwas davon, stellt sich die Frage: "Wovor flüchte ich im Leben? Entziehe ich mich einer unangenehmen Situation?" Im Traum[8] flieht Michael vor einem Verrückten, der seine unterdrückte Aggression symbolisiert. "Wo laufe ich vor meinen Gefühlen davon?"
- Einer Frau wurde im Traum ein wunderschön verpacktes Geschenk überreicht, welches sie nicht annehmen mochte. Frage: "Fällt es mir schwer, von anderen etwas anzunehmen? Bin ich zu mir selbst grosszügig?"
- Welche Gefühle habe ich zu den Symbolen, den Menschen, den Gegenständen usw.? Welche Eigenschaften haben sie?
- Frage: "Erkenne ich diese Anteile in mir?"
- Frage: "Fühlt sich mein Denken und Tun im Traum richtig und gut an?" "Habe ich im Traum richtig gehandelt? Hätte ich mich gern anders verhalten?" Fällt Dir eine entsprechende Lebenssituation ein?
- Welche Erinnerungen ruft der Traum in Dir hervor? Möglicherweise weist der Traum auf eine ältere Verletzung hin, die noch nicht geheilt ist oder auf eine Situation, die gelöst werden möchte.
- Frage: "Wie fühlt sich diese Erinnerung an? Welche Gefühle sind damit noch verbunden?"

---

8 Seite 103

- Tauchen im Traum Bilder aus der Vergangenheit auf, z. B. aus der Kindheit, der Jugend oder der Berufsausbildung, möchte Dir der Traum zeigen, dass Du Dich heute physisch oder psychisch in einer ähnlichen Situation befindest.
- Achte auf Deine Kleidung. Bist Du passend angezogen? Wenn nicht, frag Dich:
- "In welcher Lebenssituation verhalte ich mich unangemessen?"
- Beachte auch links und rechts im Traum. Wo befinden sich die Symbole, aus welcher Richtung kommt Dir etwas entgegen? In welche Richtung hast Du zu gehen? Rechts im Traum weist auf das männliche, verstandesmässige und links auf das weibliche, gefühlsmässige, auf die wahre Liebe hin. Wählen wir einen linken Weg, möchte der Traum uns mehr zu unserem Gefühl hinführen, noch stärker unserer Intuition zu folgen und den Verstand, das Denken, mehr mit dem Herzen zu verbinden. Es mag auch umgekehrt sein, dass wir uns zu sehr in unseren Gefühlen verstricken. Dann werden wir mehr nach rechts geführt werden, d. h. der Verstand, die Logik sollte mit einbezogen werden.
- Achte auf Worte, Sätze und Unterhaltungen. Wir bekommen oftmals sehr direkte Botschaften. Nimm sie wörtlich und spiele mit den Worten! Eine junge Frau fühlte sich körperlich eine lange Zeit sehr müde und erschöpft. Sie träumte: "Eine Frau trank einen Tee aus verschiedenen chinesischen Kräutern. Ich sagte zu ihr, der würde mir auch gut tun."
- Sie besorgte sich den Tee und fühlte nach einigen Tagen, wie ihre Kraft zurückkehrte. Das, was uns im Traum guttut, ob wir etwas tun oder unterlassen, hilft uns im Leben weiter.
- Namen und Orte beachten! Hauptstädte (z. B. Rom) weisen häufig auf das Höhere Selbst hin.

Zu folgenden Zeiten sind Träume sehr klar und von besonderer Bedeutung!

- Um die Oster- und Weihnachtszeit und zum Jahreswechsel
- Zur Winter- und Sommersonnenwende
- In Vollmondnächten
- Eigene Geburtstage

Symbole

Zu den folgenden Symbolen, die in Träumen erscheinen können, gebe ich einige Hinweise und Anregungen. Bitte sei Dir bewusst, dass einzig Deine Entschlüsselung die Bedeutung trifft, die das Symbol für Dich hat.

Alle Symbole werden - in Verbindung mit dem Höheren Selbst - individuell "auf dem Berg" entschlüsselt!

Die folgenden Traumbeispiele wurden von den Personen nach der in diesem Buch vorgestellten Methode entschlüsselt. Es sind Ausschnitte aus Träumen, die die Bedeutung einzelner Symbole für den Träumer aufzeigen. Es wurden ausschliesslich ihre Erkenntnisse wiedergegeben. Die Entschlüsselungen sind nicht auf ähnliche Träume übertragbar!

Einige Symbole, die für das Höhere Selbst stehen können

Weiser, alter Mann, hohe Meister, Engel, Kreis, Kugel, die Farbe gold, runde Gegenstände wie Steine, Tische, ein runder See usw. und Persönlichkeiten, die für uns alle Tugenden in sich vereinen (für mich z. B. M. Gandhi).

Die Selbstsymbole werden als Höheres Selbst, das Göttliche, die Wahrheit, die Weisheit entschlüsselt. Sie haben eine besondere Bedeutung und führen uns zu tiefen Wahrheiten, wenn wir unser Leben nach ihren Botschaften ausrichten.

Traumbeispiel:

Ich befinde mich mit meiner Frau in einem Kloster. Sie kommt mir entgegen und erzählt, dass sie mit dem Abt, von dem sie sich in Liebe eingehüllt fühlt, über die Erschütterungen in unserer Ehe gesprochen hat. Er sagt, dass es gut ist, was zwischen mir und meiner Frau geschieht. Es werden gewisse Dinge an die Oberfläche geholt, damit sie aufgelöst und geheilt werden können. Es bricht einiges in uns auf, aber wir haben nichts zu befürchten und brauchen uns keine Sorgen um unsere Ehe zu machen."

Entschlüsselung:

Frau - Aufbrechende Widerstände und Blockaden
Kloster - Reinheit
Abt - Das Höhere Selbst
Ehe - Verbundenheit
Dinge - Verdrängte Gefühle und Verletzungen
Oberfläche - Bewusstsein

Übersetzung:

Ich befinde mich mit meinen aufbrechenden Widerständen und Blockaden (Frau) in der Reinheit (Kloster). Meine aufbrechenden Widerstände und Blockaden (Frau) kommen mir entgegen und erzählen, dass sie mit dem Höheren Selbst (Abt) von dem sie sich in Liebe eingehüllt fühlen, über die Erschütterungen in unserer Verbundenheit (Ehe) gesprochen haben. Das Höhere Selbst (Abt) sagt, dass es gut ist, was zwischen mir und meinen Widerständen und Blockaden (Frau) geschieht. Es werden verdrängte Gefühle und Verletzungen (Dinge) ins Bewusstsein (Oberfläche) geholt, damit sie aufgelöst und geheilt werden können. Es bricht einiges in uns auf, aber wir haben nichts zu befürchten und brauchen uns keine Sorgen um unsere Verbundenheit (Ehe) zu machen."

Erkenntnis:

Peter hatte einige Monate zuvor beunruhigende Träume gehabt, in denen es zwischen ihm und seiner Frau zu einer Trennung kam. Sie wollten ihn vor einem verdrängten Konflikt warnen, der die Ehe bedrohte. In seinem Leben waren einige Veränderungen eingetreten, die inzwischen zu Spannungen in seiner Ehe geführt hatten. Der aktuelle Traum spiegelte seine Ängste, dass die Beziehung zerbrechen könnte.

Der Traum sagte ihm, dass seine Ehe nicht in Gefahr ist, aber unterschwellige Konflikte bestehen, die gelöst werden möchten. Ihm wurde deutlich, dass sich die Beziehung zu seiner Frau nur dann wieder vertiefen würde, wenn die verdrängten Konflikte offen ausgetragen werden und die Bereitschaft besteht, die gegenseitigen Verhaltensmuster ehrlich anzuschauen und daran zu arbeiten.[9]

---

9 Siehe auch Peters Träume zu den Beispielen Bahnhof, der Farbe rot und Feuer

Peter erzählte, dass es ca. 6 Wochen nach diesem Traum einen "grossen Knall" in seiner Ehe gab und eine Trennung plötzlich im Raum stand. "Dieser Traum war für mich wie ein Anker, der mir die Kraft und den Glauben gab, diese Krise mit meiner Frau zu durchstehen - und wir haben es geschafft."

Auto (Fahrrad)

Weist auf unseren physischen Körper hin, auf unsere körperliche Kraft, auf unser Wohlbefinden. Wie sorgsam gehe ich mit meinen Energien um? Achte auf das Auto im Traum. Ist es ein Sportwagen oder eine Ente? Träumen wir von einem Unfall, einer Reifenpanne oder finden keinen Parkplatz; achte auf Deine körperlichen Energien! Es mag ein Hinweis sein, dass Du Deine Kraft verlierst, wenn Du so weiter machst wie bisher. Auch wenn sich das Auto z. B. in ein Fahrrad verwandelt oder Du das Fahrrad sogar schieben musst.

Traumbeispiel 1:

Suche mit meinem Auto einen Parkplatz. Lege den Rückwärtsgang ein. Dabei geht der Motor aus und lässt sich nicht mehr zünden, so dass ich nicht einparken kann.

Entschlüsselung:

Auto - Kraft
Parkplatz - Ruhebedürfnis
Rückwärtsgang - Rückzug
Motor - Deine Willenskraft

Übersetzung:

Suche mit meiner Kraft (Auto) ein Ruhebedürfnis (Parkplatz). Lege den Rückzug (Rückwärtsgang) ein. Dabei geht meine Willenskraft (Motor) aus und lässt sich nicht mehr zünden, so dass ich nicht einparken kann.

Erkenntnis:

Frauke fühlte sich mit ihrer privaten und beruflichen Situation überfordert. Die Botschaft des Traumes war: "Geh deinem Ruhebedürfnis nach. Wenn du aber in deiner jetzigen Situation den Rückzug antrittst, wirst du deine

Willenskraft schwächen und keine Ruhe finden." Es war nicht die Lösung, sich zurückzuziehen und aus der Situation zu fliehen, was sie am liebsten getan hätte. Ihr wurde deutlich, dass sie sich mehr Zeit gönnen sollte, um zu entspannen, sich gleichzeitig aber auch bestimmten Hindernissen im Leben zu stellen hatte.

Traumbeispiel 2:

Ich überlege, wo ich meinen LKW mit Überlänge parken könnte. Links von mir sehe ich, wie zwei Männer einen dritten Mann verprügeln. Er wehrt sich und ruft - "Hört auf, ich muss ansonsten ins Krankenhaus"."

Am selben Tag nach diesem Traum bekam Susanne einen Hexenschuss.

Entschlüsselung:

LKW - Meine Arbeit, die mich überfordert
Zwei Männer - Meine Gewohnheit, mich mit Gewalt durchzusetzen
Dritter Mann - Meine Liebe

Übersetzung:

Ich überlege, wo ich meine Arbeit, die mich überfordert (LKW) parken könnte. Links von mir sehe ich, wie eine Gewohnheit, mich mit Gewalt durchzusetzen (Zwei Männer) meine Liebe (Dritter Mann) verprügelt. Meine Liebe wehrt sich und ruft: "Hört auf, ich muss ansonsten ins Krankenhaus."

Erkenntnis:

Sie erkannte für sich, dass sie mit Gewalt über ihr Bedürfnis nach Ruhe hinweg ging und der Hexenschuss notwendig war, um diese Bedürfnisse wahrzunehmen. Der Traum forderte sie auf, mit sich liebevoller umzugehen, da ansonsten gesundheitliche Probleme drohen. Ihre Liebe wird im Traum von ihrer Gewalt, den beiden Männern, verprügelt und schreit um Hilfe. Sie bestätigte, dass sie oft über ihr Leistungsvermögen geht und zu sich sehr streng ist.

Baby

Siehe Schwangerschaft

Bahnhof

Der Bahnhof zeigt, dass Du an einem Übergang stehst. Das Leben geht in eine andere Richtung, ein neuer Lebensabschnitt kann beginnen. Steigst Du in einen Bummelzug ein oder in einen Schnellzug? Musst Du auf den Zug warten oder verpasst Du ihn, fährt er Dir vor der Nase weg? Rauscht der Zug am Bahnhof vorbei, ohne zu halten?

Wir haben manchmal Wege zu beschreiten, vor denen wir uns sträuben und doch wissen wir im Innersten, dass wir sie zu gehen haben. Es ist an der Zeit, in einen anderen Zug umzusteigen, der uns unserem Ziel näher bringt. Bist Du zufrieden, fühlt sich das, was Du machst, gut an? Wenn aus Deinem Herzen ein Ja kommt, hast Du Deinen Weg gefunden. Bist Du nicht ganz sicher, schau, ob es irgend etwas gibt, was Du im Leben ändern möchtest. Ändere die Dinge in Deinem Leben, die ohnehin geändert werden müssen! Fange jetzt damit an!

Traumbeispiel:

Ich fahre mit der S-Bahn bis zum Bahnhof Berliner Tor. Dort steige ich um in den ICE. Bin erstaunt, wie modern der Bahnhof umgebaut wurde...

Entschlüsselung:

S-Bahn - Dein bisheriger Weg

Bahnhof Berliner Tor - Umsteigestation; bald geht es schnell für dich voran

ICE - Dein neuer Weg

Übersetzung:

Ich fahre mit meinem bisherigen Weg (S-Bahn) bis zur Umsteigestation (Bahnhof Berliner Tor), wo es bald schnell für mich voran geht. Dort steige ich um in meinen neuen Weg (ICE). Bin erstaunt, wie modern die Umsteigestation (Bahnhof Berliner Tor), wo es bald schnell für mich voran geht, umgebaut wurde...

Erkenntnis:

Bei Peter stand ein Berufswechsel an, für ihn durch den Umsteigebahnhof symbolisiert. Der ICE steht für seine neue Arbeit und zeigt ihm, dass es die richtige Entscheidung war, seine bisherige Tätigkeit zu beenden.

"Der Traum gibt mir Selbstvertrauen und die Bestätigung, richtig gehandelt zu haben."

Baum

Er zeigt uns unsere Kondition, unsere momentane physische und seelische Kraft. Sehe ich auch seine Wurzeln? Gehen sie tief in die Erde? Verzweigen sie sich? Können sie den Baum gut versorgen und ihn durch jeden Sturm hindurchbringen? Ist der Stamm kräftig oder schwach. Gibt es eine schöne Krone? Hat der Baum Blätter oder ist er kahl? Er mag Dir sagen: "Achte darauf, dich gut zu erden, pass auf, deinen Halt im Leben nicht zu verlieren." Frage Dich, wenn der Baum schwache Wurzeln hat: „Was im Leben, welche Situation, welche Menschen, schwächen mich, und womit schwäche ich mich selbst?“ Es mögen Ereignisse sein, die lange zurückliegen. Sie können Wunden verursacht haben, die wir verdrängt haben, und die nicht geheilt sind.

Traumbeispiel:

Im Hinterhof steht ein riesiger Baum mit mächtigen Wurzeln. Ein Mann schlägt mit einem Beil in die Wurzeln. Er möchte den Baum umhauen, da er soviel Schatten wirft.

Entschlüsselung:

Hinterhof - Ein selbstgeschaffenes Gefängnis
Baum - Eine freundliche, unendliche Kraft, sei dir dessen bewusst
Wurzeln - Mächtige Kraft
Mann - Das Kleine und Negative in dir, das vielzuviel Aufmerksamkeit bekommt
Beil - Selbstbestrafung
Schatten - Wahrheit

Übersetzung:

In meinem selbstgeschaffenen Gefängnis (Hinterhof) steht meine riesige, freundliche und unendliche Kraft (Baum) mit mächtiger Kraft (Wurzeln). Das Kleine und Negative in mir (Mann), dem ich vielzuviel Aufmerksamkeit gebe, schlägt mit Selbstbestrafung (Beil) in meine mächtige Kraft (Wurzeln). Das Kleine und Negative in mir (Mann) möchte meine freundliche und unendliche Kraft (Baum) umhauen, da sie so viel Wahrheit (Schatten) wirft."

Erkenntnis:

Diese kurze Szene beschreibt perfekt die Situation, in der sich die Träumerin befand. Sie hatte grosse Zweifel an ihren Fähigkeiten, obwohl sie sehr beliebt war und vielen Menschen durch ihre Arbeit half. Sie erzählte, dass sie sich manchmal wie in einem Gefängnis fühlte, Schuldgefühle sie plagten und häufig Minderwertigkeitsgefühle in ihr auftauchten. Die Kraft des Baumes konnte sie in sich spüren, es war ihr aber unangenehm, darüber zu sprechen.

Der Traum zeigte, dass ihre negative Einstellung zu sich selbst dabei ist, ihre Lebenswurzeln zu durchtrennen. Sie hatte Angst vor ihrer wahren Kraft und ihrer wahren Grösse, die durch den Baum und seinen Schatten symbolisiert wurde.

Blume/Pflanze

Wie sehen die Pflanzen aus? Sind sie vertrocknet oder blühen sie? Sie sind Teile von Dir, die gedeihen oder drohen einzugehen, je nachdem wieviel Zuwendung Du ihnen gibst. Es mag etwas Schönes sein, das in Dir vorhanden ist oder etwas, das droht, einzugehen, wenn Du es nicht pflegst. Drohen Unkraut oder Schlingpflanzen der Pflanze oder Blume die Kraft zu nehmen, oder wird sie ausreichend mit Luft, Wasser und Licht versorgt?

Eine Frau träumte von einem Meer von Blumen, die sie als Trauer entschlüsselte. Ihr wurde durch die Blumen bewusst, dass sie ihren Schmerz und ihre Trauer um den Verlust eines Menschen verdrängt hatte. Der Traum nahm das Bild der Blumen, da sie genau die Gefühle in der Frau auslösten, die erlöst werden wollten.

Farben

Auch Farben können neben der allgemeinen eine individuelle Bedeutung haben! Sie heben das Symbol (z. B. rotes Kleid) in seiner Bedeutung hervor, untersteichen es. Gebe ein besonderes Augenmerk auf diese zusätzlichen Symbole. Der Traum setzt Akzente durch Farben, um uns etwas noch deutlicher zu machen. Sie weisen zusätzlich auf Eigenschaften und Anteile in uns hin, die für unsere augenblickliche Situation wichtig sind. Untersuchungen haben ergeben, dass wir farbig träumen - wir erinnern unsere Träume zumeist aber in schwarz-weiss.

Rot

Feuer, Leidenschaft, Aktivität und Aggressivität sind einige Merkmale. Lebe ich sie zu wenig oder zu ausgiebig? Habe ich mich mehr zurückzunehmen? Soll ich aktiver am Leben teilnehmen?

Traumbeispiel:

Ich möchte mein Arbeitszimmer streichen und habe rote Farbe gekauft, obwohl ich es eigentlich in Apricot haben wollte. Ich finde das rot zu kräftig und überlege, es aufzuhellen oder doch Apricot zu nehmen.

Entschlüsselung:

Arbeitszimmer - Neuanfang
Rote Farbe - aggressives Voranschreiten
Apricot - Sanftmut

Übersetzung:

Ich möchte meinen Neuanfang (Arbeitszimmer) streichen und habe aggressives Voranschreiten (rote Farbe) gekauft; obwohl ich den Neuanfang (Arbeitszimmer) eigentlich in Sanftmut (Apricot) haben wollte. Ich finde das aggressive Voranschreiten (rote Farbe) zu kräftig und überlege, es aufzuhellen oder doch Sanftmut (Apricot) zu nehmen."

Erkenntnis:

Auf die Bitte um Erkenntnis erhielt Peter vom Höheren Selbst die Antwort: "Verbinde deine Sanftmut mit einer positiven Aggressivität, um deinen Neuanfang auf eine feste Basis zu stellen." Der Traum bezog sich auf seine neue Arbeit und war für ihn sehr klar und eindeutig.

Gelb

Etwas reift in uns, wird vollständig. Gelb mag auf einen Heilungsprozess in uns hinweisen.

Gold

Steigerung von gelb. Es zeigt die Ganzheit in uns an. Seelische Reife und Heilung. Ein Reifeprozess ist vollzogen.

Grün

Neubeginn, der Frühling, das Grün spriesst, etwas wächst in mir. Auf dem richtigen Weg sein. Zuversichtlich sein in das eigene Tun. Wie sieht das Grün, die Wiese, die Pflanze aus? Ist es ein saftiges Grün oder ist es am Vertrocknen? Welcher Teil in mir benötigt Zuwendung? Es kann ein Gefühl sein oder eine Idee, die wir gern verwirklichen würden, die spriessen und wachsen möchte.

Blau

Gefühle, Romantik, Wasser, Himmel. Nehme ich meine Gefühle wahr? Habe ich mich ihnen mehr zu öffnen oder überfluten sie mich? Es kann auch auf eine übersinnliche Erfahrung hinweisen, die wir gemacht haben, oder die uns bevorsteht.

Schwarz

Etwas ist mir nicht bewusst. Der Traum möchte uns auf etwas hinweisen, das wir nicht sehen (wollen) und das für unsere weitere Entwicklung hilfreich wäre. Materielles in Geistiges zu transformieren. Auf Gedanken und Wünsche achten. Ist mein Leben zu sehr auf Äusseres ausgerichtet? Was möchte ich nicht wahrhaben, wogegen sperre ich mich, was verdränge ich, wovor habe ich Angst? Welche Zweifel beeinflussen mein Denken und Tun?

Weiss

Reinheit, Sauberkeit, Ordnung. Es kann eine Bestätigung sein, "Du bist richtig!", oder ein Hinweis, dass Klarheit in das eigene Leben eingetreten ist. Ist es ein strahlendes, überirdisches weiss, mag es eine Botschaft aus einer anderen Ebene sein. Auch dies wissen wir innerlich.

Orange

Gelb und rot. Reife und Aktivität. Wie bringe ich meine Spiritualität mit meiner Aktivität in der äusseren Welt in Einklang?

Violett

Spirituelle Energie, Transformation und Reinigung.

Rosa

Nächstenliebe und Mitgefühl.

Bunt

Zerstreuung, Lebensfreude.

Feuer

Es hat eine reinigende und wärmende aber auch eine zerstörende oder verzehrende Kraft. Wer hat dieses Feuer gelegt? Ist es unter Kontrolle? Alte Einstellungen und Gewohnheiten in Dir wollen verbrannt werden bzw. Du wirst aufgefordert, Dich mit ihnen auseinanderzusetzen. Was lässt mich in meinem Leben innerlich verbrennen? Welche Gefühle zehren an mir? Der Traum zeigt, was in Dir aufgelöst und geheilt werden möchte.

Traumbeispiel:

Ein <u>Junge</u>, der auch ich bin, läuft in einen brennenden <u>Palast</u> aus <u>weissem Marmor</u> hinein. <u>Alles</u> steht in Flammen. Ein <u>Erwachsener</u> versucht vergeblich, ihn aufzuhalten. Dem Jungen scheinen die <u>Flammen</u> aber nichts anhaben zu können. Obwohl das Feuer bis auf den Marmor alles zerstört, hat es etwas sehr Erlösendes und Befreiendes an sich.

Entschlüsselung:

Junge - Das Neue in dir
Palast - Seelenhaus
Weisser Marmor - Reinheit
Alles - Ängste
Flammen - Auflösung
Erwachsener - Angst vor der Auflösung

Übersetzung:

Das Neue in mir (Junge), das auch ich bin, läuft in mein brennendes Seelenhaus (Palast) aus Reinheit (weissem Marmor) hinein. Meine Ängste (Alles) stehen in Auflösung (Flammen). Meine Angst vor der Auflösung

(Erwachsener) versucht vergeblich, das Neue in mir (Junge) aufzuhalten. Dem Neuen in mir (Junge) scheint die Auflösung (Flammen) aber nichts anhaben zu können. Obwohl die Auflösung (Flammen) bis auf die Reinheit (weisser Marmor) alles zerstört, hat es etwas sehr Erlösendes und Befreiendes an sich.

Erkenntnis:

Peter hatte nach der Entschlüsselung das Gefühl, von alten dunklen Resten in ihm befreit worden zu sein. Bis auf den weissen Marmor wurde alles von den Flammen zerstört. Dies spiegelte sein momentanes Leben wieder, in dem sich alles Alte auflöste und er verspürte auch die Angst vor diesen Veränderungen immer wieder in sich hochkommen. Er sah diesen Traum als eine Bestätigung an, dass seine Entscheidungen richtig waren, da ein schneeweisser Marmorpalast aus dem Flammenmeer übrig blieb, der nun völlig neu eingerichtet werden kann.

Gebäude (Haus, Zimmer, Kirche, Gefängnis, Schloss, Stall...)

Unser Seelenhaus, indem wir unser momentanes Gefühlsleben widergespiegelt finden. Was ist es für ein Gebäude, wie sieht es aus? Ist es sauber, hat es feste Grundmauern, sind Risse in den Wänden, ist es neu oder alt, renoviert oder verkommen? Dein Seelenhaus gibt Dir viele Informationen, um Deine jetzige Lebenssituation klarer zu erkennen. Auch jeder Raum hat eine für Dich bestimmte Bedeutung.

Traumbeispiel 1:

Das Haus meiner Oma wird bis auf das Dach ganz neu modernisiert. Meine Tante sagt, dass das Dach, das jetzt nicht mehr zum restlichen Haus passt, ebenfalls renoviert werden müsste, sie das Geld dafür aber nicht hat.

Entschlüsselung:

Haus meiner Oma - Das Alte
Dach - Alte Gedankenstrukturen
Tante - Schwerfälligkeit
Restliches Haus - Erneuerung
Geld - Glaube

Übersetzung:

Das Alte (Haus meiner Oma) ist bis auf meine alten Gedankenstrukturen (Dach) ganz neu modernisiert. Meine Schwerfälligkeit (Tante) sagt, dass die alten Gedankenstrukturen (Dach), die jetzt nicht mehr zur Erneuerung (restliche Haus) passen, ebenfalls renoviert werden müssten, meine Schwerfälligkeit (Tante) den Glaube (Geld) dafür aber nicht hat.

Situation:

Claudia ging es gesundheitlich sehr schlecht, und sie hatte in den letzten eineinhalb Jahren vieles in ihrem Leben verändert. Eine gesündere Ernährung, mehr an körperlicher Bewegung bis hin zu einer begleitenden Ausbildung in einem neuen Beruf.

Erkenntnis:

Ich bin erstaunt, wieviel ich bereits geschafft habe. Ich habe mir eine gute Basis für meine Zukunft aufgebaut, sitze aber immer noch in bestimmten Gedankenmustern fest. Ich halte fest an alten Dingen, durch die ich krank geworden bin. Um das Haus - ihre alten Muster - ganz zu renovieren fehlt im Traum das Geld, das sie als ihren Glauben entschlüsselt. Sie sagte, dass sie Versagensängste plagen, und sie im Innersten nicht daran glaubt, ihrem Leben die entscheidende Wende geben zu können. Der Traum zeigte ihr, dass sie bereits einen grossen Teil des Weges geschafft hat und sie sich selbst ein Hindernis aufbaut durch ihren mangelnden Glauben an sich selbst und ihren Fähigkeiten.

Dächer und Dachböden im Traum haben mit unserem Denken zu tun. Was wird in meinem Kopf gedacht? Versuche ich zuviel über den Kopf zu erreichen? Wenn der Dachboden brennt, sehr achtsam sein. Wo überlaste ich mich in meinem Denken? Wo übernehmen mich meine Gedanken? Es sind meine Gedanken, wenn ich zweifle oder nicht an mich glaube und jeder Gedanke drängt nach Erfüllung, hat eine sich selbst verwirklichende Kraft.

Es ist die beste Gesundheitsvorsorge, sich seiner schwächenden Gedanken bewusst zu sein, und sie durch aufbauende und stärkende zu ersetzen.

Räume, die unter der Erde liegen, z. B. Keller, Tiefgaragen, Höhlen usw., machen uns auf unser Unterbewusstsein aufmerksam. Es mögen dort Schätze oder auch alte, abgestandene Dinge ruhen, die geborgen oder losgelassen werden möchten. Wie sieht es dort aus? Was für Sachen befinden sich in diesen Räumen, in welchem Zustand sind sie? Neu, modrig oder gar verschimmelt?

Traumbeispiel 2:

Ich sehe im *Keller* ein *Paket mit Lebensmitteln*, die schon längst abgelaufen sind.

Entschlüsselung:

Keller - Unbewusste
Paket mit Lebensmittel - Das Festhalten an alten Dingen.

Übersetzung:

Ich sehe im Unbewussten (Keller) das Festhalten an alten Dingen (Paket mit Lebensmitteln), die schon längst abgelaufen sind.

Erkenntnis:

Claudia bezog diesen Traum auf ihre Spielgruppe, die sich regelmässig traf. Seit längerer Zeit schon fühlte sie sich sehr unwohl während dieser Treffen, hatte es bisher aber nicht gewagt, sich von der Gruppe zu lösen. Der Traum machte ihr klar, dass der Umgang mit diesen Menschen sie nicht mehr nährte und die Zeit gekommen war, sich von ihnen zu trennen. In der Tat hatte sie Magenprobleme und der Traum warnte sie, die abgelaufenen Lebensmittel, für sie ihre Spielgruppe, nicht weiter zu verzehren.

Heirat

Eine Heirat ist zumeist ein Hinweis auf die Verbindung und Vereinigung mit dem Göttlichen.

Traumbeispiel:

Ich bin in einer fröhlichen Gruppe. Ich erfahre, dass zwei Personen aus der Gruppe heiraten wollen. Alle fangen an zu singen: "Release, release, release (lasse los)"

Entschlüsselung:

Gruppe - Freude
Zwei Personen - Du und das Göttliche
Heirat - Verschmelzung

Übersetzung:

Ich bin in einer fröhlichen Freude (Gruppe). Ich erfahre, dass ich und das Göttliche (Zwei Personen) aus der Freude (Gruppe) Verschmelzung (Heirat) wollen. Alle fangen an zu singen: "Release, release, release (lasse los).

Erkenntnis:

Susanne, die in einer Pfarrersfamilie aufwuchs, wurde durch diesen Traum der Konflikt zwischen ihrem anerzogenen Gottesbild und ihren eigenen Erfahrungen bewusst, die sie mit Gott gemacht hatte. Auf der einen Seite glaubte sie, Gott nur in sich selbst finden zu können, auf der anderen Seite hatte sie das Gefühl, von Gott getrennt zu sein, worunter sie sehr litt. Sie fühlte, dass sie sich mit Releasing[10] von ihren alten Glaubensmustern befreien könnte. Sie arbeitete seit längerem mit dieser Methode und der Text, den die Gruppe im Traum sang, bezog sie sofort auf das Releasing - anerzogene Vorstellungen loszulassen und eine neue Beziehung zum Göttlichen zu entwickeln.

Insel

Eine Insel mag auf ein Bedürfnis hinweisen, für eine Weile mit sich selbst zu sein, und sich eine Ruhepause zu gönnen. Vielleicht haben wir uns aber auch vom Leben abgeschottet, uns auf eine Insel geflüchtet und die Augen vor bestimmten Dingen verschlossen.

---

10 Eine Technik, um sich von negativen Verhalten und Glaubensmustern zu lösen. Siehe Kapitel „Die Umsetzung der Traumerkenntnis - das Loslassen“ ab Seite 141.

Traumbeispiel 1:

Ich mache Urlaub auf einer Insel. Ich sage zu der Hotelbesitzerin, dass ich mir nur Ruhe wünsche.

Entschlüsselung:

Insel - Ort der Erholung
Hotelbesitzerin - Fürsorgliche Mutter

Übersetzung:

Ich mache Urlaub an einem Ort der Erholung (Insel). Ich sage zu der fürsorglichen Mutter (Hotelbesitzerin), dass ich mir nur Ruhe wünsche.

Erkenntnis:

Drei Tage nach diesem Traum fiel Claudia in einen tiefen Erschöpfungszustand und bekam eine Grippe. "Zum Zeitpunkt des Traumes fühlte ich mich nicht sehr erschöpft, hatte allerdings viel Stress. Der Traum wurde mir leider erst bewusst, als ich bereits mit Fieber im Bett lag." Die Hotelbesitzerin entschlüsselt sie als eine fürsorgliche Mutter. Der Traum möchte sie ermuntern, mit sich selbst fürsorglicher umzugehen.

Traumbeispiel 2:

Ich lebe auf der Insel Sylt. Ich weiss, dass ich aufs Festland zu gehen habe. Eine Frau sagt, dass sie mich begleitet, da wir zusammen gehören.

Entschlüsselung:

Insel Sylt - Isolierter, wunderschöner Platz
Festland - Deine Aufgaben, die auf dich warten
Frau - Deine Bestimmung

Übersetzung:

Ich lebe auf einem isolierten, wunderschönen Platz (Insel). Ich weiss, dass ich auf meine Aufgaben, die auf mich warten (Festland), zuzugehen habe. Meine Bestimmung (Frau) sagt, dass sie mich begleitet, da wir zusammen gehören.

Erkenntnis:

Der Träumer wusste, dass er sein emotionales und auch physisches Schneckenhaus - die Insel - zu verlassen hatte. Er kannte seine Bestimmung - seine Aufgaben -, hatte sich bisher aber gescheut, sie zu leben.

Landschaften

Übung:

Schliesse die Augen und bitte um ein Bild, wie Deine innere Landschaft jetzt aussieht. Befindest Du Dich in den Bergen, auf einem freien Feld oder in einem Wald? Begegnest Du Tieren oder Menschen? Wie ist das Wetter? Was hörst Du?

Die Landschaft in den Träumen gibt Dir viele Hinweise auf Dein momentanes emotionales Befinden. Fühlst Du Dich frei oder eingeengt, empfindest Du Freude oder Trostlosigkeit? Fühlst Du Dich vom Leben angenommen oder ausgeschlossen?

Die Seele malt Landschaften im Traum und erzählt uns, wie sie sich fühlt in dem Leben, das wir führen. Oftmals ist sie voller Trauer und möchte uns auf unsere Seelenbedürfnisse aufmerksam machen, die wir manchmal sehr weit weggeschoben haben.

Nahrungsmittel

Was nimmst Du an Nahrung zu Dir? Obst, Gemüse oder Fast Food? Unterstützt Deine Ernährung Dein Wohlbefinden und Deine Gesundheit? Hast Du das Gefühl, dass die Sachen, die Du im Traum isst, einkaufst oder auch ablehnst gut für Dich sind und Deine Gesundheit fördern? Wenn ja, dann nehme sie. Gerade wenn wir gesundheitliche Probleme haben, kann ein Traum uns auf die Nahrung hinweisen, die hilfreich für uns ist.

Nahrungsmittel stehen aber auch für geistige Nahrung, die wir zu uns nehmen. Die Träume möchten uns hauptsächlich auf diesen Aspekt hinweisen. Was nehme ich an Informationen in mir auf, welche Bücher oder Zeitschriften lese ich, welche Filme schaue ich mir an? Welche Gespräche führe ich, mit welchen Menschen umgebe ich mich? Führt mich die physische und geistige Nahrung, die ich zu mir nehme, zu einem tieferen inneren Frieden?

Traumbeispiel 1:

Ich kaufe bei einer Verkäuferin Meeresalgen ein.

Entschlüsselung:

Verkäuferin - Beraterin
Meeresalgen - Das Nährende, dich mit allem Versorgende

Übersetzung:

Ich kaufe bei einer Beraterin (Verkäuferin) das Nährende, das mich mit allem versorgt (Meeresalgen) ein.

Erkenntnis:

Claudia hatte früher viel Meeresalgen in ihrer Küche verwendet, da sie wusste, dass sie der beste natürliche Mineralstofflieferant sind. In einer Untersuchung hatte man bei ihr einen Mineralstoffmangel festgestellt, den sie mit Tabletten behandelte. Der Traum hinterliess in ihr ein starkes Gefühl, Algen wieder in ihre Ernährung mit aufzunehmen.

In diesem Beispiel gibt der Traum einen konkreten Hinweis, welches Nahrungsmittel Claudias Gesundheitszustand fördert. In dem Traumbeispiel mit den alten Lebensmitteln im Keller[11] bezieht sich der Traum auf die geistige Nahrung, die Claudia zu sich nimmt - die Treffen mit ihrer Spielgruppe, die ihr nicht mehr gut tun. Entscheidend ist, dass sie sich in beiden Beispielen direkt angesprochen fühlte und wusste: "Das ist es, das habe ich jetzt zu tun."

Traumbeispiel 2:

Ich habe einige Baguettes im Backofen. Sie sind gut und heiss. Ich nehme sie heraus und packe sie in die Kühltruhe.

---

11 siehe Seite 71

Entschlüsselung:

Baguettes - Kraft und Energie
Backofen - Dein inneres Kraftwerk
Kühltruhe - Einfrierer

Übersetzung:

Ich habe einige Kraft und Energie (Baguette) in meinem inneren Kraftwerk (Backofen). Meine Kraft und Energie ist gut und heiss. Ich nehme sie aus meinem inneren Kraftwerk heraus und packe meine Kraft und Energie in den Einfrierer (Kühltruhe)."

Situation:

Ulrike hatte oft das Gefühl, nicht genügend Kraft zu haben, um ihre Aufgaben erledigen zu können.

Erkenntnis:

Der Traum sagt ihr, dass sie genügend Kraft und Energie in sich hat. Nur, anstatt diese Energie zu nutzen - die Baguettes zu essen - tut sie sie in die Kühltruhe. D.h. sie friert ihre Energie wieder ein - und hat das Gefühl, nicht genügend Kraft zu haben. Ulrike beobachtete sich daraufhin, in welchen Situationen sie sich kraftlos fühlte. Es trat immer dann ein, wenn sie vor Erledigungen stand und sie daran zweifelte, sie bewältigen zu können. Der Traum führte sie an ein Muster heran, sich vor der Erledigung bestimmten Aufgaben zu schützen, indem sie ihre Energie einfror, anstatt sie für die Bewältigung dieser Aufgaben zu nutzen.

Personen

Du siehst Dich im Traum

Du, als Person, im Traum spiegelst Deinen augenblicklichen Bewusstseinszustand. Der Traum bezieht sich auf eine Situation in Deinem Leben, und er zeigt Dir, wie Du sie siehst und beurteilst. Beobachte, was Du im Traum tust, und welche Gefühle Du dabei hast. Verweigerst Du etwas anzunehmen oder zu tun? Bist Du z. B. wütend, ängstlich, traurig oder am

Zweifeln? Diese Gefühle - sie müssen Dir nicht bewusst sein - beeinflussen z. Zt. Dein Leben. Frage Dich und spüre in Dich hinein, ob Du Dich im Alltag ähnlich wie im Traum verhältst und fühlst.

Benimmst Du Dich im Traum ungewöhnlich, (z. B. auf einer Hochzeit im Bikini zu erscheinen), ist es ein Hinweis, das eigene Verhalten besonders zu überprüfen. Der Traum teilt Dir etwas mit, was Dir zum jetzigen Zeitpunkt noch nicht bewusst ist. Wo spiele ich mir und anderen im Leben etwas vor? Nach C.G. Jung ist es die Persona, die "Seelenmaske", die wir tragen, um z. B. Anerkennung von aussen zu bekommen. Wir spielen eine Rolle, von der wir meinen, dass sie erwartet wird. "Die Gefahr ist nur, dass man mit der "Persona" identisch wird. Die "Persona" sei das, was einer eigentlich nicht ist, sondern was er und die Leute meinen, das er sei."[12]

Der Traum zeigt uns unsere Rollen und Masken, mit denen wir durchs Leben gehen. Er weist uns auf diejenigen hin, die wir jetzt ablegen dürfen und sollten, da sie ihren Zweck erfüllt haben und jedes weitere Tragen unseren Weg nur erschweren würde.

---

12 C.G. Jung, GW 9/1, 221

Abbildung 7: Seelenmasken

Im Traum wird Dein Name gerufen

Es geschieht sehr selten. Hörst Du im Traum Deinen Namen, sei achtsam und spüre in den Traum hinein, wer Dich gerufen hat, und worauf es Dich aufmerksam machen wollte. Es mag die Seele eines Verstorbenen sein oder unsere geistigen Helfer, die uns auf etwas aufmerksam machen möchten. Es kann auch ein unterdrückter Anteil von Dir sein, der Deine Aufmerksamkeit bekommen möchte, die er schon lange vermisst.

In einem Traum rief eine Frau - die einer Samurai-Kriegerin glich - wütend meinen Namen. Nach der Entschlüsselung wusste ich, dass sie mich darauf hinweisen wollte, mich in der äusseren Welt stärker durchzusetzen. Sie zeigte mir meine Angst vor dem kämpferischen Teil in mir, den ich vielzuwenig gelebt hatte und forderte mich auf, es mehr zu tun. Einen Tag zuvor war ich einer Frau begegnet, die mich sehr beeindruckt hatte in ihrer Fülle und Kraft, und der ich eher zaghaft gegenübergetreten war. Meine Traumkraft modellierte diese Frau noch etwas und verwandelte sie in eine Kriegerin, um mir diesen nicht gelebten Anteil ins Bewusstsein zu bringen.

Andersgeschlechtliche Personen im Traum

C.G. Jung prägte die Begriffe Anima und Animus - die weiblichen und männlichen Aspekte des Menschen. "Das ideale Verhältnis der beiden Seiten eines Mannes ist dann vorhanden, wenn der männliche Teil dominiert und der weibliche Aspekt ihn unterstützt und mit ihm zusammenarbeitet. Bei einer Frau sollte der feminine Teil stärker sein, wobei der maskuline ihn im Hintergrund unterstützt."[13]

Anima: Sie steht für die Gefühle, das Zarte, für eine liebevolle Beziehung zu den Mitmenschen. Für Intuition, Kreativität, künstlerischer Ausdruck. Auch Launenhaftigkeit und Gereiztheit drückt sich durch die Anima aus. Erscheint einem Mann im Traum eine Frau, ist es sein weiblicher Anteil. Wie verhält sie sich, und wie gehen wir mit dieser Person um? Beachten wir sie? Behandeln wir sie liebevoll oder eher grob? Die weiblichen Personen im Traum zeigen uns, wie wir als Mann zum Einen mit unserer

13 Phyllis Kristall „Die inneren Fesseln sprengen“

weiblichen Seite umgehen und zum Anderen mit dem weiblichen Geschlecht insgesamt.

Animus: Der männliche Anteil der Frau stellt sich im Traum in einer männlichen Person dar. Er steht für das Rationale, Logische, für Aktivität, Entschlussfreudigkeit, Ehrgeiz, Machtstreben usw. Der Traum zeigt uns, wie stark oder schwach unser gegengeschlechtlicher Anteil ausgeprägt ist. Träumt eine Frau von einem Mann, möchte der Traum uns entweder auffordern, etwas aktiver ans Leben, an eine bestimmte Situation heranzugehen. Vielleicht sind wir zu zaghaft, zu vorsichtig, zu ängstlich und der Traum möchte uns ermutigen, etwas forscher aufzutreten. Oder er möchte uns auf unsere Gefühle hinweisen, die wir unterdrücken und verleugnen, weil wir die männliche Seite zu stark leben. Vielleicht sind wir so in unserer Karriere oder einer Beschäftigung gefangen, dass wir das Schöne, das Sanfte in uns, im Leben verdrängt haben.

Unser Umgang mit den Personen im Traum gibt uns Hinweise, wie wir mit unserer weiblichen und männlichen Seite im Leben umgehen. Auch gleichgeschlechtliche Personen können uns, wie im nächsten Beispiel, auf unsere Anima bzw. unseren Animus hinweisen.

Der folgende Traum von Michael zeigt deutlich die Unausgewogenheit seiner weiblichen und männlichen Seite. Die Symbol-Entschlüsselung von Michael habe ich bewusst weggelassen, da sie nur im Zusammenhang mit seiner Vorgeschichte verständlich ist.

Traumbeispiel:

Die Tochter von Bekannten hat geheiratet. Alle drei sehen nicht sehr glücklich aus. Ihr Vater ist so dünn, dass er unsichtbar ist. Ihre Mutter ist das Gegenteil und sehr füllig. Ich umarme sie und sie fängt an zu weinen.

Erkenntnis:

Der Mann im Traum fühlt sich für Michael wie ein Waschlappen an. Er erkennt seine männliche Seite, die er nicht lebt, und die im Traum als unsichtbar dargestellt wird. "Es ist mein Harmoniebedürfnis. Streit ist für mich schrecklich. Ärgere ich mich über etwas, drücke ich es selten aus und sage zu mir, so schlimm ist es nicht."

Zur Mutter im Traum fällt ihm folgendes ein: "Sie weint, weil sie immer stark sein muss, immer Verständnis für andere hat. Sie wünscht sich, sich einmal fallen zu lassen und von den Armen ihres Mannes gehalten zu werden. Aber der ist so schmächtig, sogar unsichtbar, dass er sie nicht halten kann. Der Traum könnte es mir nicht besser zeigen. Auf der einen Seite wünsche ich mir, auch einmal schwach sein zu dürfen, und nicht alles aushalten zu müssen. Auf der anderen Seite möchte ich mich energischer und klarer ausdrücken, wenn mir etwas nicht gefällt. Dies habe ich bisher viel zu wenig getan.

Die Tochter, die im Traum auch sehr unglücklich aussieht, symbolisiert für mich mein neues Leben. Im Äusseren habe ich viel verändert, ich werde aber erst dann meinen Frieden, mein Glück finden, wenn ich meine weibliche und männliche Seite ausgewogen lebe und beide zu ihrem Recht kommen. Ich bin zu weich in Situationen, wo Stärke angebracht ist und zu stark und aushaltend in Situationen, wo andere es sich erlauben, "schwach" zu sein."

Über einen langen Zeitraum tauchten in Michaels Träumen athletisch wirkende Männer in roten Bekleidungsstücken auf, die ihm sehr unsympathisch waren. Er entschlüsselte sie zumeist als seine männliche Kraft, die er noch nicht in sich akzeptiert und integriert hatte.

Eineinhalb Jahre nach seinem Traum mit dem unsichtbaren Mann, in denen Michael viel an innerer und äusserer Arbeit leistete, träumte er folgendes:

Traum:

Es läuft das Finale in einer grossen Fernsehshow. Ein Paar führt einen wunderschönen Tanz in vollendeter Harmonie auf. Auch äusserlich passen sie vollkommen zusammen.

Entschlüsselung:

Finale - Vereinigung, Vollendung
Fernsehshow - Präsentation
Paar, Mann - Männliche Seite, Kraft, Ausstrahlung
Paar, Frau - Eine glückliche weibliche Seite, die sich über ihren männlichen Partner freut
Tanz - Vereinigung

Übersetzung:

Es läuft die Vereinigung und Vollendung (Finale) in einer grossen Präsentation (Fernsehshow). Die männliche Seite, die Kraft und Ausstrahlung hat (Mann) und die glückliche weibliche Seite (Frau) führen eine wunderschöne Vereinigung (Tanz) in vollendeter Harmonie auf. Auch äusserlich passen die männliche (Mann) und weibliche Seite (Frau) vollkommen zusammen.

Erkenntnis:

Ich präsentiere seit einiger Zeit auch eine andere Seite von mir, was mir sehr gut tut. Dieser Traum bestätigt mir, dass mein verändertes Verhalten richtig und vor allem ehrlicher ist. Es ist der erste Traum, indem sich ein Paar so wunderbar miteinander ergänzt." Die Tänzerin im Traum ist glücklich, einen Mann zum Partner zu haben, der ihr ebenbürtig ist. Der Tanz drückt die momentane Ausgewogenheit seiner weiblichen und männlichen Seite aus und bekräftigt ihn, auch weiterhin seinen männlichen Teil bewusst zu leben.[14]

Gleichgeschlechtliche Personen im Traum

Sie zeigen uns die Anteile, die uns noch nicht ganz bewusst sind, oder die wir nicht wahrhaben möchten. Der Traum fordert uns auf, unseren Schatten anzusehen. Das heisst, auch die Seiten anzunehmen, die wir nicht an uns mögen oder nicht wagen auszudrücken. Sie nicht verurteilen oder sich schuldig zu fühlen, sondern sie in Liebe anzunehmen. Das können durchaus positive Eigenschaften sein wie Verantwortung, Ordnung, Ehrlichkeit oder Fähigkeiten, Begabungen, die wir nicht leben.

Im Traum auf Seite.... weist eine Gruppe schwarzer Männer den Träumer auf sein nicht gelebtes Talent des Malens hin. Im Beispiel von Michael zeigt sich sein Schatten in dem unsichtbaren Mann, der die nicht gelebte männliche Seite von ihm symbolisiert.

All das, was uns an anderen Personen stört, was wir kritisieren, ist ein unbewusst gelebter oder ein unterdrückter Teil von uns selber. Wir projizieren diese Eigenschaften auf andere, da wir sie in uns nicht

---

14 Siehe auch die Zusammenfassung von Michaels Träumen auf Seite 119

erkennen (wollen). Es ist unser Schatten, den wir nicht sehen mögen. Das, was wir im Aussen erleben, ist auch in uns selbst, ist ein Teil von uns. Können wir das annehmen, heilen wir uns selbst, und da wir mit allem verbunden sind, auch unseren Planeten.

"Alles, was ihr in der äusseren Welt seht,
ist nichts als eine Spiegelung dessen,
was in euch ist."

Sai Baba

Achte besonders auf die gleichgeschlechtlichen Personen in Deinen Träumen! Oft wirken sie harmlos oder unbedeutend, so dass wir sie gern übersehen. Auch können sie uns täuschen, wie im nächsten Beispiel, so dass wir das Gefühl haben, wir müssten ihnen helfen und sie beschützen. Am Abend vor dem Traum schrieb Susanne als Tagesnotiz: "Einerseits habe ich das Gefühl, ich sollte meine Arbeit sofort aufgeben und mit Akupressurbehandlungen beginnen. Andererseits bin ich entsetzt über diesen Gedanken. Ich kann doch nicht einfach mit der Arbeit aufhören. Wir benötigen das Geld und meine Chefin braucht mich."

Traum:

Eine alte Bekannte ist zum Tode verurteilt. Ich hoffe, dass das Urteil rückgängig gemacht wird. Sie hat schon einmal solch einen Termin lebend überstanden. Auf einmal kommen Uniformierte, um sie abzuholen. Sie soll erschossen werden. Ich beschimpfe die Uniformierten, wie sie es verantworten können, sie umzubringen. Wenn es geschieht, möchte ich ihre Hand halten, doch es zögert sich alles hinaus, und es kommt nicht zum Erschiessen.

Entschlüsselung:

Bekannte - Die Zweifel
Uniformierte - Aufpasser
Hand - Das Festhaltende

Übersetzung:

Meine alten Zweifel (Bekannte) sind zum Tode verurteilt. Ich hoffe, dass das Urteil rückgängig gemacht wird. Meine alten Zweifel (Bekannte) haben schon einmal solch einen Termin lebend überstanden. Auf einmal kommen Aufpasser (Uniformierte), um meine Zweifel (Bekannte) abzuholen. Sie sollen erschossen werden. Ich beschimpfe die Aufpasser (Uniformierte), wie sie es verantworten können, meine Zweifel umzubringen. Wenn es geschieht, möchte ich meine Zweifel festhalten (Hand), doch es zögert sich alles hinaus, und es kommt nicht zum Erschiessen meiner Zweifel (Bekannten)."

Erkenntnis:

Dieser Traum hat den Ausschlag gegeben, meinen Job aufzugeben. Allerdings erst nach einigen Monaten mit vielen Zweifeln." Im Traum sollten ihre Zweifel erschossen werden, wogegen sie sich wehrte. Sie tröstete ihre Zweifel, hielt ihnen Händchen und hoffte, dass sie überleben werden, was sie auch einige Monate taten. Ihr fiel ein, dass sie oft in ihrem Leben an sich zweifelte. Mit der alten Bekannten macht der Traum sie auf diese ständigen Zweifel aufmerksam und fordert sie auf, sie loszulassen und zu begraben.

Schienenfahrzeuge

Etwas ist vorgegeben durch Gesetze, Bestimmungen, vorgeschriebene Normen usw., worauf ich keinen Einfluss habe. Schienen-Träume zeigen, dass wir uns entweder damit abzufinden haben oder einen neuen Weg beschreiten.

Fährt der Zug zu langsam oder zu schnell? Ist es ein ICE oder eine Strassenbahn? Verpasse ich den Zug (oder eine andere Person, denn alle Symbole sind Anteile von mir) oder vergesse ich auszusteigen? Was hindert mich im Lebensfluss zu sein? Habe ich das Gefühl, auf meinem direkten Lebensweg zu sein, oder wehre ich mich gegen etwas, das ich nicht ändern kann, und was vorgegeben ist? Sträube ich mich, einen anderen Weg einzuschlagen, z.B. aus Angst vor dem Unbekannten oder aufgrund von alten Gewohnheiten?

Peter erzählte, dass er vor seinem Berufswechsel über viele Jahre regelmässig den folgenden Traum hatte:

Traum:

Ich steige in einen Zug ein und stellte erst während der Fahrt fest, dass er in eine ganz andere Richtung fährt.

"Jedesmal wachte ich aufgebracht und voller Unzufriedenheit über meinen damaligen Job auf. Ich war unglücklich in meinem Beruf, konnte mir eine lange Zeit aber nicht vorstellen, noch einmal einen neuen Beruf zu erlernen."[15]

Tiere

Tiere drücken das Animalische in uns aus. Sie sind verbunden mit unseren Gefühlen und Instinkten. Welches Gefühl habe ich im Traum dem Tier gegenüber und damit meinen eigenen Gefühlen und Instinkten? Wo im Leben verhalte ich mich wie dieses Tier? Erscheint Dir z. B. im Traum eine Ratte, frage Dich: "Wo lasse ich an mir nagen? Mit welcher Verhaltensweise nage ich an mir selbst herum?

Traumbeispiel 1:

Ein Löwe will mich angreifen. Ich fliehe vor ihm und suche Schutz in der Gartenlaube, die meinen Eltern gehört. Er durchbricht die Tür und stürzt sich auf mich.

Entschlüsselung:

Löwe: Wilde, unterdrückte Kraft
Gartenlaube - Dein geschwächter körperlicher und seelischer Zustand
Eltern - Energien, die dich schwächen
Tür - Schutz

Übersetzung:

Meine wilde, unterdrückte Kraft (Löwe) will mich angreifen. Ich fliehe vor der wilden, unterdrückten Kraft (Löwe) und suche Schutz in meinem geschwächten körperlichen und seelischen Zustand (Gartenlaube), die meinen Energien, die mich schwächen (Eltern), gehört. Meine wilde,

---

15 Siehe auch Traumbeispiel Bahnhof auf Seite 63

unterdrückte Kraft (Löwe) durchbricht meinen Schutz (Tür) und stürzt sich auf mich.

Erkenntnis:

In sein Traumbuch hatte Michael geschrieben: "Bin gesundheitlich angeschlagen, ich brauche Ruhe, die Situation mit meinen Eltern schwächt mich." Der Löwe weist auf eine unterdrückte Kraft in ihm, die dabei ist, auszubrechen. Der Traum deutet auf einen Zusammenhang mit den Eltern, den Michael bestätigt. Seine Eltern entschlüsselt er als Energien, die ihn schwächen. Ihnen gehört die Gartenlaube - sein geschwächter körperlicher und seelischer Zustand. Der Traum weist also auf einen Zusammenhang zwischen seinem Gesundheitszustand und seinen Eltern hin und auf unterdrückte Gefühle (Löwe) auch seinen Eltern gegenüber. Die tiefe Bedeutung dieses Traumes wurde Michael erst 2 1/2 Jahre später durch einen weiteren Traum bewusst, indem ein Vulkan ausbrach.

Nach einigen Monaten, in denen Michael mit Hilfe eines Therapeuten an der Beziehung mit seinen Eltern gearbeitet hatte, erhielt er folgenden Schlangentraum.

Schlange

Hat in den seltesten Fällen etwas mit Sexualität zu tun. Die Schlange häutet sich. Sie möchte uns auffordern, sich von materiellen Dingen und Vorstellungen zu lösen. Sie weist uns auf unsere geistige Entwicklung hin; vom Ich zum Du zu kommen. Von jeher ist die Schlange ein Symbol der Heilung und der Wandlung hin zum Göttlichen; das Göttliche in sich zu sehen und anzunehmen.

Traumbeispiel 1:

Ein Mann liegt krank im Bett. Eine grosse Phytonschlange kriecht auf ihn zu. Jemand sagt zu dem Mann, er soll sich die Schlange um die Brust binden und still liegen bleiben. Nach einer Weile löst sich die Schlange und schlängelt sich weg. Der Mann steht gesund auf.

Entschlüsselung:

Mann - Das Erwachen der männlichen Seite
Bett - Ruhe

Schlange - Heilung
Jemand - Das Weise
Brust - Das verletzte Herz

Übersetzung:

Das Erwachen der männlichen Seite (Mann) liegt krank in der Ruhe (Bett). Eine grosse Heilung (Schlange) kriecht auf das Erwachen der männlichen Seite (Mann) zu. Das Weise (Jemand) sagt zu dem Erwachen der männlichen Seite (Mann), es soll sich die Heilung (Schlange) um das verletzte Herz (Brust) binden und still liegen bleiben. Nach einer Weile löst sich die Heilung (Schlange) und schlängelt sich weg. Das Erwachen der männlichen Seite (Mann) steht gesund auf.

Situation:

Michael hatte vor diesem Traum begonnen, einen lange bestehenden Konflikt mit seinen Eltern zu klären.

Erkenntnis:

Das Zulassen und Ausdrücken bisher unterdrückter Gefühle und eine klare Abgrenzung in den Gesprächen mit seinen Eltern hatte bei Michael einen Heilungsprozess ausgelöst. Der Traum bestätigte, dass die Handlungsweise richtig und notwendig war. "Fühlte mich nach diesem Traum von einer schweren Last und innerer Anspannung befreit. Habe das Gefühl, die seit einigen Monaten bestehenden Entzündungen in meinen Gelenken gehen zurück."

Traumbeispiel 2:

Eine <u>Schlange</u> kriecht auf mich zu, kommt an mir hoch und wendet sich dann wieder ab. Ein <u>Mann</u> versucht sie zu töten. Das ist mir gar nicht recht.

Entschlüsselung:

Schlange - Wegweiser zu Gott
Mann - Angst

Übersetzung:

Ein Wegweiser zu Gott (Schlange) kriecht auf mich zu, kommt an mir hoch und wendet sich dann wieder ab. Meine Angst (Mann) versucht den Wegweiser zu Gott (Schlange) zu töten. Das ist mir gar nicht recht.

Erkenntnis:

Die Person verspürte eine starke Gottessehnsucht, die gleichzeitig mit verschiedenen Ängsten verbunden war. Der Traum bedeutete für sie, sich mit ihrem Gottesbild auseinanderzusetzen. Dies wurde ihr durch eine Serie von Schlangenträumen bewusst.

Schwangerschaft (auch für Männer)/Babies

Etwas Neues wächst in uns heran. Eine neue Idee, ein neuer Beruf, ein neuer Lebensabschnitt. Ist diese neue Idee geboren, stellt sich die Frage: Wie geht es dem Baby? Fühlt es sich wohl, schreit es, lass ich es verhungern? Schau, welche Bedürfnisse es hat. Gebe ich dem Neuen in meinem Leben nicht genügend Raum, zu wenig Aufmerksamkeit? Vielleicht dem Wunsch, ein Instrument zu spielen oder zu malen? Glauben wir, es nicht zu können, da jemand dies irgendwann einmal behauptet hat? Gibt es einen tief gehegten Wunsch in mir, den ich unterdrücke?

Eine Frau erzählte mir, dass sie als Vierzehnjährige ihrem Klavier und der Musik abschwor, da sie eine sehr strenge Klavierlehrerin hatte, der sie nichts recht machen konnte. Sie lernte Krankenschwester, war sehr unglücklich und wusste nicht, was ihr im Leben fehlte. Sie erkannte es mit 27 Jahren, holte sich ihr altes Klavier, das noch auf dem Dachboden ihrer Eltern stand und begann wieder zu spielen. Das Baby in ihrem Traum symbolisierte ihre unterdrückte Liebe zur Musik, die gelebt und ausgedrückt werden wollte.

Wasser

Ozean

Spiegelt unser Unterbewusstsein; es beinhaltet unsere Gefühls- und Gedankenwelt.

Traumbeispiel:

Befinde mich am Meer. Hier sind die gefährlichsten Kraken der Welt. Sie lauern in der Tiefe und reissen Menschen mit in die Tiefe. Die Inselbewohner halten es geheim...

Entschlüsselung:

Meer - Unterbewusstsein
Kraken - Tödliche Fallen
Tiefe - Deine Dunkelheit
Menschen - Leichtsinnigkeit
Inselbewohner - Das Geschehene Unter-den-Tisch-Kehrende

Übersetzung:

Befinde mich am Unterbewusstsein (Meer). Hier sind die gefährlichsten und tödlichsten Fallen (Kraken) der Welt. Sie lauern in meiner Dunkelheit (Tiefe) und reissen die Leichtsinnigkeit (Menschen) mit in die Dunkelheit (Tiefe). Das Geschehene unter-den-Tisch-Kehrende (Inselbewohner) hält es geheim."

Erkenntnis:

Gabi wachte nach dem Traum mit Gedanken an ein ihr bekanntes Problem auf, das sie seit Jahren leichtsinnig unter den Teppich kehrte. Der Traum forderte sie auf, es anzugehen, da ansonsten eine bedrohliche Situation für sie entstehen könnte.

Schnee, Eis

Wo sind meine Gefühle eingefroren?

Traumbeispiel:

Ich fahre mit dem <u>Auto</u> zu einem <u>Ziel</u>. Ich kann es schon sehen, aber dazwischen ist eine grosse <u>Schneeansammlung</u>. Ich steige aus und stehe plötzlich bis zum <u>Hals</u> im <u>Schnee</u>. Ich fange an, mich zu bewegen und er beginnt zu schmelzen.

Entschlüsselung:

Auto - Bewusstsein
Ziel - Geselligkeit
Schneeansammlung - Gefühlskälte, Sackgasse
Hals - Verbindung von Herz und Verstand
Schnee - Erstarrte Gefühle

Übersetzung:

Ich fahre mit meinem Bewusstsein (Auto) zu meiner Geselligkeit (Ziel). Ich kann meine Geselligkeit (Ziel) schon sehen, aber dazwischen ist eine grosse Gefühlskälte und Sackgasse (Schneeansammlung). Ich steige aus und stehe plötzlich mit meiner Verbindung von Herz und Verstand (Hals) in meinen erstarrten Gefühlen (Schnee). Ich fange an, mich zu bewegen und meine erstarrten Gefühle (Schnee) beginnen zu schmelzen.

Erkenntnis:

Das Ziel - meine Geselligkeit - ist mein Freund. Meine Gefühlskälte auf sein momentanes Verhalten führt mich in eine Sackgasse und wird mich ihm nicht näherbringen. Das Auto symbolisiert mein Bewusstsein. Ich habe mir meine eingefrorenen Gefühle ihm gegenüber bewusst zu machen, sie aufzutauen und auf ihn zuzugehen, wenn ich wieder zu ihm möchte.[16]

Fluss

Der Fluss zeigt Deinen momentanen Lebensweg. Hat er viel Wasser oder ist er vertrocknet? Ist er ruhig oder reissend? Ist er frei befahrbar oder liegen Hindernisse im Fluss? Ein Schiff auf dem Fluss stellt Dein augenblickliches Lebensschiff dar. Wie sieht es aus und in welchem Zustand befindet es sich? Ist es ein elegantes Segelschiff oder ein altes Paddelboot, an dem die Farbe abfällt?

Toilette

Hat mit innerer Reinigung zu tun. Von welchen alten Mustern, Gedanken, Gefühlen und Vorstellungen, die mir nicht mehr guttun, sollte ich mich

---

16 Siehe auch die Zusammenfassung von Susannes Träumen auf Seite 121

lösen? Wo fühle ich mich klein und wertlos oder stolz und überheblich? Wovon mag ich mich nicht trennen, wo halte ich im Leben fest?

Traumbeispiel:

Ich befinde mich in meinem Elternhaus und sitze auf einer altmodischen Toilette. Ich habe mich zurückgezogen, weil meine kranke Mutter nervt.

Entschlüsselung:

Elternhaus - Das Vertraute
Toilette - Loslassen
Mutter - Hilflosigkeit und Forderungen

Übersetzung:

Ich befinde mich in meinem Vertrauten (Elternhaus) und sitze auf dem altmodischen Loslassen (Toilette). Ich habe mich zurückgezogen, weil meine kranke Hilflosigkeit und Forderungen (Mutter) nerven.

Erkenntnis:

Torsten bezog den Traum zuerst auf seine Mutter, da er sich ihren Forderungen gegenüber viele Jahre hilflos ausgesetzt fühlte. Der Gedanke berührte ihn aber nicht sehr und ich fragte ihn, ob er in der Zeit des Traumes ein Erlebnis hatte, das ihn an eine Situation mit seiner Mutter erinnert.

Ihm fiel eine Auseinandersetzung mit einem Kollegen ein, der ihn so attackiert hatte, dass er nur sprach- und hilflos darauf reagieren konnte und er wusste, dass er diesen Vorfall noch nicht verarbeitet hatte. Der Traum weist ihn auf diese Situation und auf das Bedürfnis hin, das Gefühl der Hilflosigkeit loszulassen, wenn Forderungen an ihn gestellt werden. Die Botschaft des Traumes lautete für ihn, sich bewusst zu machen, in welchen Situationen er sich hilflos fühlt und Möglichkeiten zu finden, anders und besser darauf zu reagieren.

Es ist unser Denken, unser Glaube, dass wir hilflos sind. Wir haben die Chance, ein Muster, in diesem Fall sich hilflos zu fühlen, wenn Forderungen an uns herangetreten werden, loszulassen und durch eine gesündere Verhaltensweise zu ersetzen.

Zahlen

Eins oder A, auch die Farbe gold

Das Absolute, die Ganzheit, das ALL-EINE.

Zwei

Eine weibliche Zahl. Zu empfangen. Lebe ich meinen weiblichen, meinen gefühlsmässigen, liebenden Anteil? Ausnahme bei zwei absolut identischen Personen oder Gegenständen - wo zwei-fle ich im Leben? Zwei = Zwei Fälle = Zweifel. Wo kann ich mich nicht entscheiden? Was hindert mich, das Göttliche anzunehmen und es zu leben?

Drei

Eine männliche Zahl, sie fordert uns zu Handlungen auf. Ihre wahre Bedeutung ist spiritueller Natur. Die Dreifaltigkeit: Gott, Christus und Heiliger Geist. Im Hinduismus Brahma, Vishnu und Shiva. Glaube ich an eine übergeordnete Kraft? Welchen Platz gebe ich dieser Kraft, gebe ich Gott in meinem Leben?

Vier

Sie verkörpert die Naturgesetze: Die vier Himmelsrichtungen, die vier Jahreszeiten, oben, unten, rechts, links usw. Die Gesetze bringen Rhythmus und Ordnung in unser Leben. Lebe ich im Einklang mit dieser Ordnung? Gebe ich mir ausreichend Schlaf, gute Ernährung und Bewegung. Bin ich achtsam mit mir und anderen?

Fünf

Besteht aus der Zwei und der Drei. Die weibliche und männliche Energie in uns. Fühle ich mich ausgeglichen? Wo bin ich zu kopf- oder gefühlslastig?

Im folgenden Traum spielt ein 5-Mark-Stück die Hauptrolle. Der Traum möchte Susanne auf ihren inneren Reichtum, den sie nicht erkennt und ihre zu wenig gelebten weiblichen Qualitäten aufmerksam machen.

Traumbeispiel:

Ich gehe an einer rosafarbenen Rose vorbei. Da fällt aus ihr ein grosses rundes Silberstück. Es sieht sehr wertvoll aus, ist aber nur ein 5-Mark-Stück.

Entschlüsselung:

Rosa Rose - Meine unendliche Liebe, die in mir ist
Silberstück - Mein göttlicher Schatz
5-Mark-Stück - Wahrheit, Demut, Hingabe, Rechtschaffenheit, Liebe

Übersetzung:

Ich gehe an meiner unendlichen Liebe, die in mir ist (rosa Rose), vorbei. Da fällt aus meiner unendlichen Liebe (rosa Rose) mein grosser, runder, göttlicher Schatz (Silberstück). Er sieht sehr wertvoll aus, ist aber nur meine Wahrheit, Demut, Hingabe, Rechtschaffenheit und Liebe (5-Mark-Stück).

Erkenntnis:

Es fiel Susanne schwer, die Botschaft dieses Traumes anzunehmen. Sie erzog vier Kinder, war berufstätig, versorgte den Haushalt, kochte täglich usw. Dennoch hatte sie manchmal das Gefühl, versagt zu haben und sagte von sich: "Was leiste ich schon?"

Der Traum sagte ihr: "Schau dir deine unendliche Liebe an, mit der du alles meisterst. Aus ihr entspringen so viele gute Qualitäten: Wahrheit, Demut, Hingabe, Rechtschaffenheit. Diese Eigenschaften sind dein Reichtum!" Ihre Freunde und Mitmenschen sahen diesen Schatz in ihr, nur sie selbst wollte ihn nicht erkennen. Für sie war dieser Schatz nur ein 5-Mark-Stück wert.

Der Traum ging weiter:

Beim Betrachten fällt mir das Silberstück aus der Hand und rollt auf den Rasen.

Entschlüsselung

Hand - Aktivität
Rasen - Meine Ruhebedürftigkeit

Übersetzung:

Beim Betrachten fällt mir mein göttlicher Schatz (Silberstück) aus meiner Aktivität (Hand) und rollt auf meine Ruhebedürftigkeit (Rasen).

Erkenntnis:

Susanne spürte, dass sie dringender Ruhe bedurfte, was sie sich nicht zugestand. Die Botschaft des Traumes war für sie: "Auch dein göttlicher Schatz braucht eine Ruhezeit." Der Rasen symbolisierte ihre Ruhebedürftigkeit, die sie sich erlauben sollte. Die Hand steht für ihre Aktivität. Durch ihre (Über)Aktivität verliert sie den Kontakt zu ihren Qualitäten, zu ihrem göttlichen Schatz. In der Ruhe wird sie in wiederfinden und erkennen.[17]

Sechs

Möchte auf die Beziehung zum Partner hinweisen. Führe ich eine harmonische Partnerschaft? Wo bin ich unzufrieden? Unterdrücke ich meine Sexualität, oder lebe ich sie zu exzessiv? Wie ist meine grundsätzliche Einstellung zum anderen Geschlecht, habe ich eine vorgefasste Meinung?

Sieben

Weist uns auf die kosmischen Gesetze hin. Wir finden sie in den 7 Farben des Regenbogens, in den 7 Tönen der Tonleiter, in der Schöpfungsgeschichte. Sie kommt auch in vielen Märchen vor, z. B. Schneewittchen und die 7 Zwerge, die 7-Meilen-Stiefel. Das Denken geht über das rein irdische und materielle hinaus. Sie weist darauf hin, sich mehr mit der geistigen Welt zu beschäftigen. Die 7 ist die Zahl der Transformation.

Acht

2 x 4, die liegende 8 ist das Zeichen der Unendlichkeit. Die Gesetze des Diesseits und des Jenseits.

---

17 Siehe auch die Zusammenfassung ihrer Träume auf Seite 121

Neun

Möchte zu Aktivität in geistiger, spiritueller Hinsicht auffordern. 3 x 3 ist die kosmische, göttliche Zahl, die Schwingung der Liebe. Sie steht für die Neugeburt. Wir finden sie in vielen Religionen. Sie drückt Kraft, Kreativität und Weisheit in der vollkommensten Art aus. Der Traum fordert uns auf, mit dieser göttlichen Kraft in uns Kontakt aufzunehmen: "Erkenne, dass diese Kraft in dir ist, dass du diese Kraft bist."

Zehn

Der Traum zeigt uns, dass wir ein Ziel erreicht, eine Lebensprüfung bestanden haben. Vielleicht haben wir lange gehegte Gefühle wie Trauer oder Eifersucht aufgelöst. Ein Lebensabschnitt ist abgeschlossen, wir haben etwas beendet.

Zwanzig/Zweihundert

Die Nullen hinter der Zahl betonen den Aspekt. In diesem Fall die Erhöhung der 2 - lebe deine Weiblichkeit.

Zweiundsechzig

Betrachtest Du jede Zahl einzeln, kann die zwei ein Hinweis auf den weiblichen Anteil und die sechs auf die Sexualität sein. Lebe ich meine Gefühle in ihr, gebe ich mich ihr hin? Die Quersumme von 62 ist 8. Vielleicht lege ich zuviel Wert auf meine Sexualität. Ist ein Gleichgewicht zwischen meiner Sexualität und meinen spirituellen Bedürfnissen gegeben?

Auch bei den Zahlen gilt: Sie haben eine individuelle Bedeutung, und sie werden wie jedes andere Symbol auf dem Berg entschlüsselt.

Zähne

In welchem Zustand sind Deine Zähne im Traum und in der Wirklichkeit? Fallen die Zähne aus? Sind sie gut gepflegt? Wachsen Dir neue Zähne? Vielleicht sagen sie uns: "Setz dich im Leben mehr durch, bringe dich mehr ein." Sie mögen auch auf eine neue Kraft hinweisen, die in uns wächst, und der wir vertrauen sollen. Natürlich kann der Traum auch auf ein Zahnproblem hinweisen.

Traumbeispiel:

Mein Zahnarzt sagt, dass meine Kronen ersetzt werden müssen. Ein Kollege von ihm ist dafür zuständig.

Entschlüsselung:

Zahnarzt - Klarheit
Kronen - Deine aufgesetzten Ängste, nicht Ernst genommen zu werden
Kollege - Deine Kraft

Übersetzung:

Meine Klarheit (Zahnarzt) sagt, dass meine aufgesetzten Ängste, nicht Ernst genommen zu werden (Kronen), ersetzt werden müssten. Die Kraft (Kollege) von meiner Klarheit (Zahnarzt) ist dafür zuständig.

Erkenntnis:

Claudia erzählte, dass sie sich von anderen oft nicht akzeptiert und angenommen fühlt und es wohl damit zusammenhängt, dass sie wenig Vertrauen in ihre eigene Fähigkeiten hat und sie nicht genau weiss, wie es in ihrem Leben weitergehen soll. Der Traum sagt ihr, dass sie die Kraft hat, ihre aufgesetzten Ängste (Kronen), zu überwinden. Die Kraft dazu bekommt sie aus ihrer Klarheit. Sie hatte sich die Bereiche in ihrem Leben anzuschauen, in denen sie nicht klar war.

Ein Traum, den sie kurz zuvor hatte, half ihr dabei weiter. In diesem Traum[18] fehlte ihr das Geld, um das Dach eines Hauses zu renovieren. Das Geld war ihr Glaube und das Dach ihre alten Gedanken.

Der Traum sagte, dass ihr der Glaube fehlt, ihre alten Gedanken zu renovieren und sie durch neue, stärkende Gedanken zu ersetzen.

Es waren ihre alten Gedankenmuster, mit denen sie sich Ängste (Kronen) aufsetzte, und es war der mangelnde Glaube, der sie daran hinderte, sich von diesen Ängsten zu befreien. Nach vielen Zahnträumen, in denen ihr

18 Siehe Seite 69

die Zähne ausfielen oder ihre Kronen erneuert werden mussten, hatte sie viele Jahre später folgenden Traum:

Meine fehlenden Zähne werden ersetzt. Ich habe das Gefühl, dies hat eine grosse Bedeutung für mein Leben.

Sie nahm ihre fehlenden Zähne mit auf den Berg und erhielt die Antwort: Das, was dir lange gefehlt hat, wird wieder ganz.

Sie konnte diesen Traum auf keine bestimmte Situation deuten, verspürte aber seit einiger Zeit ein stärkeres Vertrauen sich selbst und dem Leben gegenüber. Sie empfand den Traum als Bestätigung, den rechten Weg eingeschlagen zu haben und er half ihr, ihre immer mal wieder hochkommenden Zweifel besser in den Griff zu bekommen.

Zeit

Jahreszeiten

Sie zeigen Dir, wo Du in einer Situation gerade stehst. Der Winter mag auf Ruhebedürfnis und Zurückgezogenheit hinweisen, die benötigt wird, um neue Kraft zu schöpfen oder vielleicht ruhst Du schon zulange und sollst aus Deinem Winterschlaf erwachen. Der Frühling zeigt Dir, dass eine neue Idee oder Arbeit beginnt, zu wachsen und sich zu entwickeln. Der Sommer ist die Zeit des Wachstums und des Reifens und eine Zeit, in der die Sonne am meisten Energie spendet. Er mag uns auffordern, aktiv zu sein, Spass zu haben, zu leben. Der Herbst ist die Zeit der Ernte. Was wir begonnen haben, ist reif und darf geerntet werden, wir ziehen Nutzen aus unserer Arbeit.

Träumst Du von Eis und Schnee, wird dies auf ein eingefrorenes, festgefahrenes Gefühl hinweisen, das überprüft werden sollte. Vielleicht möchte der Traum sagen: "Komm mehr aus Dir heraus, zeige deine Gefühle und lebe sie."

Tagszeiten

Gehe mit ihnen ähnlich um, wie mit den Jahreszeiten. Der Morgen steht für den Beginn, der Mittag für den Höhepunkt, 12.00 h, die Sonne steht am höchsten. Abends begeben wir uns wieder zur Ruhe. Schichtarbeiter haben einen anderen Rhythmus und die Zeiten mögen für sie etwas anderes bedeuten. Auch die Tageszeiten sind Symbole, die individuell entschlüsselt werden!

Uhrzeiten

Wieviel Zeit habe ich noch? Bin ich zu spät? Wo vergeude ich Zeit? Wann soll ich wo sein? Der Traum weist uns darauf hin, die Zeit noch besser zu nutzen.

Vertraue Deiner individuellen Entschlüsselung und nehme die Informationen über die Symbole als eine zusätzliche Anregung - wenn sie Dir helfen, Deine Träume besser zu verstehen.

Traumstruktur

Wie ist ein Traum aufgebaut?

Vollständig erinnerte Träume haben einen bestimmten Aufbau und bestehen in der Regel aus drei Szenen. Auch wenn es scheint, dass die einzelnen Abschnitte nichts miteinander zu tun haben, sind sie eine Einheit.

1. Szene

Sie zeigt uns eine Situation auf, in der wir uns momentan befinden. Es mag ein Konflikt oder ein Problem sein. Im Traum befinden wir uns z. B. auf einer Strasse oder in einem Gebäude, und es treten bestimmte Personen auf.

2. Szene

Sie zeigt uns, an welchem Punkt des Problems wir gerade stecken, und wie wir damit umgehen. Die Handlung hat sich zugespitzt. Wir befinden uns in einer ausweglosen Situation oder werden verfolgt.

3. Szene

Sie zeigt einen Lösungsweg auf, wie wir aus der Situation herauskommen. Wir bekommen Hinweise, welcher Schritt der nächste ist, welche Veränderungen wir im Denken und Handeln vorzunehmen haben, um dieses Problem zu lösen.

Träume halten sich nicht an eine bestimmte Form. Sehe die obige Aufteilung als ein Hilfsmittel, halte Dich aber bitte nicht daran fest. Ein Traum kann auch fünf, sechs oder mehr Szenen beinhalten.

In den ersten Abschnitten zeigt er uns die Situation, in der wir uns momentan befinden von verschiedenen Seiten, damit wir sie und uns besser erkennen können. Er führt uns z. B. ein Lebensmuster aus unterschiedlichen Blickwinkeln vor, um es leichter zu erkennen.

In der letzten Szene bekommen wir immer einen Lösungsvorschlag. Siehe Dir dazu die beiden Traumbeispiele auf den Seiten.28-31 an. Im ersten Traum ist es die übertriebene "eiserne Disziplin" der Träumerin, die zu ihren Schmerzen in der Leistengegend geführt haben.

Im zweiten Traum ist es ihre subtile Bequemlichkeit, die Renates Leben zu dem Zeitpunkt am meisten beeinträchtigt. Der Traum fordert sie auf, sich mit ihrer Bequemlichkeit auseinanderzusetzen und die Verantwortung für sich selbst zu übernehmen. Achte besonders auf die letzten Symbole eines Traumes! Wie verhältst Du Dich ihnen gegenüber, und welche Gedanken und Gefühle hast Du im Traum? Schaue Dir die Entschlüsselung dieser Symbole genau an und setze sie in Beziehung zu Deiner momentanen Lebenssituation.

Manche Träume bestehen aus nur einer Szene oder einem einzelnen Bild. Du kannst auch nur mit einem Wort aufwachen. Bitte denke nicht: "Der Traum ist unvollständig, den brauche ich nicht zu entschlüsseln." Gerade kurze Träume, und wenn es nur ein Symbol ist, haben klare und bedeutende Botschaften für uns. Denke an die Seminarleiterin, die auf ihre Frage: "Lieber Traum, was bist du wirklich? zur Antwort "TÜV - Technischer Überwachungsverein" erhielt.

Manchmal wachen wir aus einem Traum auf und bekommen die letzte Szene, in dem sich die Lösung verbirgt, nicht mehr vollständig zusammen. Schreibe auch diesen Traum auf und entschlüssele ihn auf dem Berg. Während Du Dich mit dem Traum beschäftigst, kann Dir der fehlende Teil wieder in Erinnerung kommen. Geschieht dies nicht, gehe in die letzte Dir bewusste Traumszene hinein und lasse den Traum sich weiter entwickeln. Nehme die Symbole, die Du bekommst, mit auf den Berg und entschlüssele sie. Sie werden Dich zu einer Lösung Deines Problems hinführen.

Das letzte Bild im Traum ist wichtig! Es gibt uns die Verantwortung in die Hand, etwas zu tun oder zu unterlassen. Der Traum führt uns aus einer möglichen Passivität und Opferrolle heraus in eine Eigenständigkeit und ermutigt, unser Leben selbst zu gestalten und zu ent-wickeln.

Traumsituationen

Alptraum

Der Alptraum ist ein Geschenk unserer inneren Führung, das wir annehmen sollten! Er möchte uns wachrütteln, uns eine letzte Warnung geben, mit uns achtsam zu sein. Sucht ein Alp uns auf, haben wir in der Regel viele Träume zuvor nicht beachtet. Es ist etwas Dringendes, wenn unsere Traumkraft einen Alp erschafft.

Hast Du eine wichtige Entscheidung getroffen oder stehst Du gerade davor, eine zu fällen, mag sich der Traum darauf beziehen. Prüfe, ob Du alle Seiten berücksichtigt hast. Der Traum weist Dich vielleicht auf einen entscheidenden Punkt hin, den Du besonders beachten solltest.

Der Alptraum ist wie eine Ampel, die rot signalisiert. Bei rot bleiben wir stehen, tun wir es nicht, laufen wir Gefahr, in einen Unfall verwickelt zu werden. Der Alp weist uns eindringlichst auf eine Verhaltensweise, auf eine Gewohnheit hin, die wir zu beachten haben. Möglicherweise haben wir etwas für uns Bedeutsames überhört oder übersehen. Der Traum bringt es uns ins Bewusstsein. Der Alp mag uns vor einer bevorstehenden Krankheit warnen, vor einer Partnertrennung oder vor einem finanziellen Verlust usw. Der Alp macht uns darauf aufmerksam, dass wir in eine unangenehme, leidvolle Situation geraten werden, wenn wir genauso weiterleben wie bisher.

Traumbeispiel:

Ich liege im Bett und sehe plötzlich den Grund meiner Krankheit. Ein riesiges, spinnenähnliches Gebilde zeigt sich vor mir und dunkler Nebel kommt hervor. Ich rufe meinen Mann; er soll schnell das Licht anmachen.

Entschlüsselung:

Bett - Mein Ruhebedürfnis
Krankheit - Erschöpfung
Spinnenähnliches Gebilde - Die Belastungen
Nebel - Meine Unkenntnis
Mann - Meine liebevolle Seite
Licht - Rettung

Übersetzung:

Ich liege in meinem Ruhebedürfnis (Bett) und sehe plötzlich den Grund meiner Erschöpfung (Krankheit). Meine Belastungen (spinnenähnliches Gebilde) zeigen sich vor mir und dunkle Unkenntnis (Nebel) kommt hervor. Ich rufe meine liebevolle Seite (Mann); sie soll schnell die Rettung (Licht) anmachen.

Erkenntnis:

Der Traum möchte Susanne mitteilen, dass ihre Belastungen sie wie eine Spinne einkreisen, vor denen sie nicht mehr weglaufen kann. Der dunkle Nebel weist darauf hin, dass ihr die krankmachenden Belastungen nicht bewusst sind. Hilfe kann sie von ihrem Mann - ihrer liebevollen Seite - bekommen. Er ist ihre Rettung, die erfolgt, wenn Susanne mit sich liebevoller umgeht, und sich Zeit nimmt für sich selbst, um das eigene Licht zu erfahren.

Sehe den Alptraum als eine Möglichkeit, Deinem Leben eine positive Wendung zu geben. Wende Dich ihm zu. Bist Du bereit, den Alp anzunehmen, anzuhören, wirst Du erfahren, dass sich der Schrecken verwandeln wird in eine Erkenntnis, die Deinem Leben eine neue Richtung gibt.

"...vielleicht sind alle Drachen unseres Lebens Prinzessinnen,
die nur darauf warten, uns einmal schön und mutig zu sehen.
Vielleicht ist alles Schreckliche im tiefsten Grunde das Hilflose,
das von uns Hilfe will."

Rainer Maria-Rilke

Serientraum

Kennst Du Träume, die sich über Wochen und Monate hinweg wiederholen? Sie möchten uns auf eine Situation aufmerksam machen, vor der wir unsere Augen vollkommen verschliessen, die wir nicht verstehen oder nicht verstehen wollen. Sie zeigen uns alte Muster, an denen wir festhalten, und die oft mit einer leidvollen Erfahrung verbunden sind. Beeinträchtigen wir uns oder andere zu sehr durch unser altes Verhalten, kann unsere innere Führung uns einen Alptraum schicken. Drei Ausrufezeichen an uns, es jetzt endlich anzupacken.

Es gibt auch Träume, die alle paar Monate oder Jahre wiederkehren. Diese Träume machen uns auf eine Situation oder ein bestimmtes Verhaltensmuster aus der Vergangenheit aufmerksam, und welche(s) sich jetzt wiederholt.

Verfolgungstraum

Alles, was uns im Traum verfolgt , z. B. Ungeheuer, Roboter, Tiere oder Menschen, sind Symbole für Anteile von uns selbst. Es sind unsere Gedanken und Gefühle, mit denen wir uns selber verfolgen. Unsere Traumkraft wählt oft furchterregende Symbole, um uns Gefühle und Gedanken deutlich zu machen, mit denen wir uns schädigen.

Stelle Dich dem Verfolger nach dem Aufwachen, indem Du nochmals in den Traum hineingehst und den Verfolger fragst, was er von Dir will, und welcher Anteil er von Dir ist. Vielleicht ist es Dir auch möglich, sich ihm bereits im Traum zu stellen. Manchmal machen wir die Erfahrung, dass wir wissen, dass wir träumen. Das ist das sogenannte Luzidträumen. Spreche mit allen Symbolen, die Dich ängstigen. Du wirst tiefe Erfahrungen machen. Die Symbole werden sich verändern, aus einem reissenden Ungeheuer wird vielleicht ein kleiner Vogel und Du wirst erkennen: "Das ist ja ein Teil von mir. Ich verfolge mich selbst".

Frage: Was macht mir im Leben Angst? Mit welchen Gedanken und Gefühlen quäle und verfolge ich mich momentan?

Traumbeispiel 1:

Ein Verrückter, der sehr aggressiv ist, verfolgt mich und greift mich an. Er wirft mich nieder, schüttet Benzin über mich aus und lässt ein brennendes Streichholz auf mich fallen. Ich kann nicht mehr ausweichen und wache auf.

Entschlüsselung:

Verrückter - Deine abgespaltene Aggression und Wut
Benzin - Zündstoff
Streichholz - Anzünder

Übersetzung:

Meine abgespaltene Aggression und Wut (Verrückter), die sehr aggressiv ist, verfolgt mich und greift mich an. Sie wirft mich nieder, schüttet Zündstoff (Benzin) über mich aus und lässt einen brennenden Anzünder (Streichholz) auf mich fallen. Ich kann nicht mehr ausweichen und wache auf.

Zwischen Michael, dem Träumer und dem Verrückten, seiner Wut und Aggression, entspann sich auf dem Berg folgender Dialog:

Michael: "Was willst du von mir?

Verrückter: "Ich will, dass du mich annimmst. Du liebst all die anderen, mich hast du immer abgelehnt. Du behandelst mich schlecht und beachtest mich nicht im geringsten. Ich habe so eine Wut auf Dich, ich könnte Dich zerschmettern."

Michael: "Ich kann dich verstehen. Ich weiss aber nicht, wie ich dich leben und lieben soll. Ich habe Angst vor Dir. Würdest du mir helfen?"

Verrückter: "Jederzeit helfe ich Dir, ich habe nicht die Absicht, zu zerstören oder zu verletzen."

Michael: "Worunter leidest du am meisten? Was würdest du in meiner Situation tun?"

Verrückter: "Es ist nicht immer echt, was du sagst und du weisst es. Du setzt keine Grenzen, wenn es Dir zuviel ist und hast auf der anderen Seite Angst, dich ganz zu öffnen. Sei ehrlich und setze Grenzen, wenn es Dein Bedürfnis ist. Lebe nicht in einer Scheinharmonie. Ich möchte meinen berechtigten Ärger ausdrücken dürfen und ich möchte das Recht haben, Menschen zurückzuweisen, die dich einschnüren und zu erdrücken drohen. Du hast mich gezwungen, alle meine Gefühle zurückzuhalten. Nur kein falsches Wort sagen. Das mache ich nicht mehr mit."

Erkenntnis: Michael war erschrocken, wie heftig der Mann = seine Aggression und Wut, im Traum agierte. Er hatte diesen Teil von sich anzunehmen und zu lernen, mit ihm umzugehen. Er sah ein, dass er sich und anderen etwas vormachte, wenn er seine Gefühle nicht ehrlich zeigte.

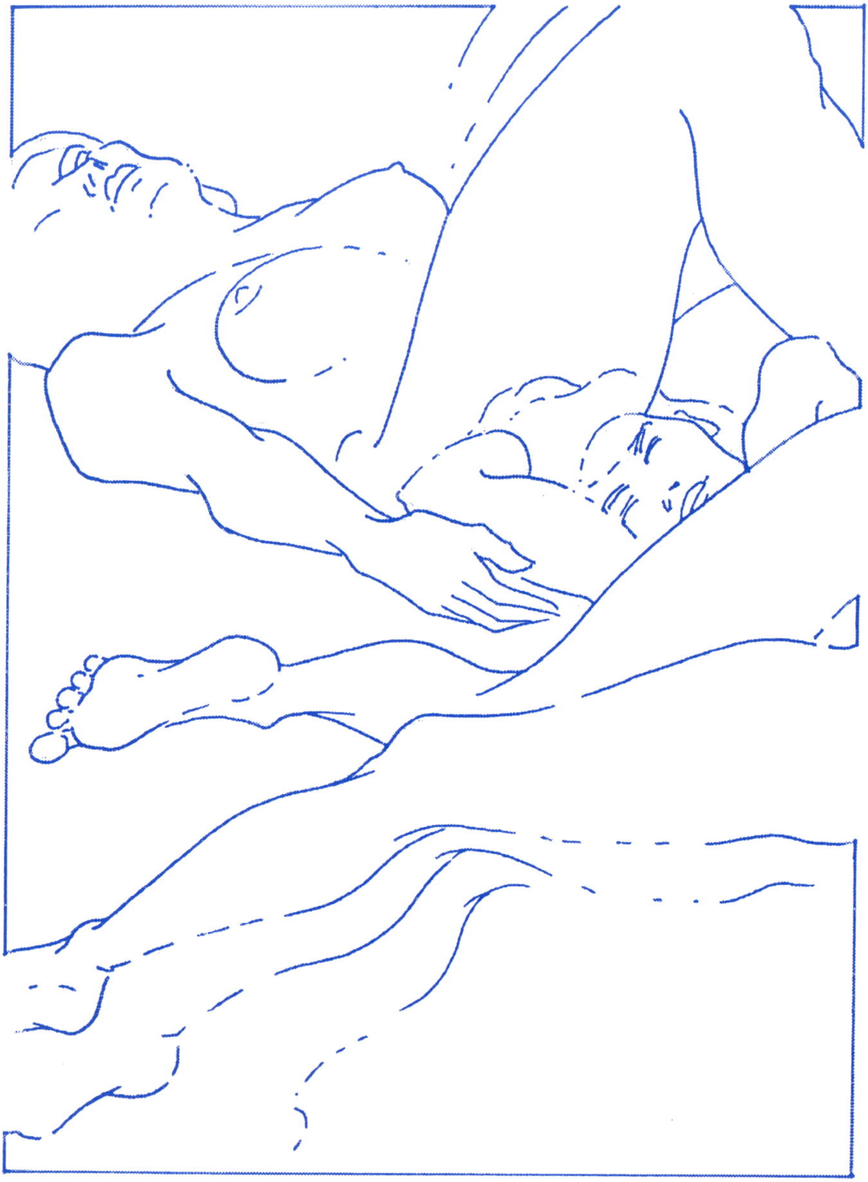

Abbildung 8: Fallträume zeigen uns oft die Angst vor unseren Gefühlen

Falltraum

Ein Träumer springt mutig von einer Klippe ins Meer. Ein anderer hat Angst zu springen oder träumt, in eine endlose Tiefe stürzen zu müssen. Solltest Du aus solch einem Traum aufwachen, ohne zu wissen, wie der freie Fall endet, lass den Traum intuitiv weiterlaufen. Gehe mit Deiner Aufmerksamkeit nochmals in die letzte Traumszene hinein. Nehme allen Mut zusammen und lass Dich in die Tiefe fallen. Bitte Deine geistigen Helfer um Schutz, wenn die Angst zu stark ist. Du wirst überrascht sein, wie und wo Du landest. "Träume" den Traum weiter, lass ihn vor Deinem geistigen Auge sich weiter entfalten. Du wirst Dich befreit und erleichtert fühlen. Mache dies mit allen Träumen, die Dich ängstigen, wenn Du keine Zeit findest, sie in diesem Moment auf dem Berg zu entschlüsseln.

Fallträume zeigen uns oft die Angst vor unseren Gefühlen. Vor dem, was in unserem Unterbewusstsein schlummert und uns noch nicht bewusst ist.

Frage: Habe ich Angst, die Kontrolle zu verlieren, wenn ich meine Gefühle zeige und ausdrücke? Wo übe ich zu starke Kontrolle mir selbst oder anderen gegenüber aus? Wo fühle ich mich unsicher? Gab es als Kind Situationen, in denen ich mich von den Eltern, Lehrern oder Freunden im Stich gelassen fühlte? Waren sie, wenn ich sie benötigt hätte, nicht für mich da? Wo befinde ich mich heute in einer ähnlichen Situation? Es kann eine tief verwurzelte Angst und ein Glaube in uns sein, dass Gott uns verlassen hat und uns nicht hält und stützt, wenn wir seiner am meisten bedürfen.

Traumbeispiel:

Ich sitze auf einer ganz hohen, schmalen leicht schwankenden <u>Schaumstoffmatratze</u>. Mir ist sehr unwohl, und ich weiss nicht, wie ich runterkommen kann. Meine <u>Augen</u> habe ich fest verschlossen. Meine Freundinnen <u>Marlies</u> und <u>Nanny</u> lachen und nehmen meine Angst nicht wahr. Plötzlich springt Marlies ins <u>Wasser</u>. Ich will nicht ins <u>Wasser</u>, und <u>Nanny</u> gibt mir einen Schubs. Ich falle in das <u>Wasser</u> und es ist halb so schlimm, wie ich befürchtet hatte.

Entschlüsselung:

Schaumstoffmatratze - Unsicherheit dem Leben gegenüber
Augen - Dein Sehen
Marlies - Freundschaft
Nanny - Hilfe
Wasser - Lebensfluss, Reinigung
Schubs - Anstoss

Übersetzung:

Ich sitze auf einer ganz hohen, schmalen leicht schwankenden Unsicherheit dem Leben gegenüber (Schaumstoffmatratze). Mir ist sehr unwohl und ich weiss nicht, wie ich runterkommen kann. Mein Sehen (Augen) habe ich fest verschlossen. Meine Freundschaft (Marlies) und Hilfe (Nanny) lachen und nehmen meine Angst nicht wahr. Plötzlich springt die Freundschaft in den Lebensfluss und in die Reinigung (Wasser). Ich will nicht in den Lebensfluss und in die Reinigung, und die Hilfe gibt mir einen Anstoss (Schubs). Ich falle in den Lebensfluss und in die Reinigung und es ist halb so schlimm, wie ich befürchtet habe.

Erkenntnis:

Seit Jahren hat die Träumerin Fallträume. Sie hat Schwierigkeiten, sie für sich zu deuten. Im Gespräch erzählt sie, dass ihre Kindheit sehr zerrüttet war, und Sicherheit für sie das allerwichtigste im Leben sei. Vor Veränderungen habe sie Angst und sehe sie als eine Bedrohung in ihrem Leben an.

Im Traum sitzt sie auf ihrer Unsicherheit (schwankende Schaumstoffmatratze), die Augen fest verschlossen, und weigert sich, in den Lebensfluss hineinzuspringen. Ihre Hilfe gibt ihr einen Schubs und sie stellt fest, dass es halb so schlimm ist, sich fallen zu lassen. Da sie die Träume seit vielen Jahren hat, bezieht sich der Traum auf ein dahinterstehendes Lebensmuster - aus Unsicherheit dem Leben gegenüber lieber die Augen verschliessen und nicht hinzusehen. Der Traum möchte ihr Mut machen, Dinge geschehen und sich in das Leben fallen zu lassen. Er sagt: "Gib dir einen Schubs. Dir wird nichts passieren, wenn du ins Wasser, in deinen Lebensfluss springst, und gleichzeitig bedeutet es auch Reinigung von deinen alten Gewohnheiten.

Luzides Träumen

Auch Klarträumen genannt. Du bist Dir im Traum bewusst, dass Du träumst. Jeder Gedanke, jede Absicht im Traum verwirklicht sich sofort. Aus Fallträumen kommen wir manchmal ins luzide Träumen hinein. Wir stellen uns vor, fliegen zu können und im gleichen Moment haben wir die Fähigkeit, es zu tun. Würden wir zu spät zu einer Verabredung kommen, da wir den Bus verpasst haben, können wir uns unmittelbar an den Ort "hinbeamen", wenn wir es nur denken. In diesen Träumen wird uns die Macht unserer Gedanken sehr eindrucksvoll gezeigt. Luzides Träumen ist erlernbar, und es gibt einschlägige Literatur darüber.

Nackttraum

Der Träumer oder andere Personen erscheinen nackt im Traum. Nackt können wir nichts mehr verbergen. Wir sind unverstellt, wir haben unsere Masken abgelegt. Der Traum fordert uns auf, ehrlich mit uns selbst zu sein. Uns nichts mehr vorzumachen, sich zur Wahrheit zu bekennen und sie zu leben.

Frage: Wo bin ich mir und anderen im Leben gegenüber nicht ehrlich? Wo spiele ich etwas vor, was ich nicht bin?

Eine ältere Dame erzählte folgenden Traum: "Ich bin in eine rosa Wolke eingehüllt und unendlich glücklich, wie ich es noch nie im Leben war. Dann schaue ich an mir herunter und sehe zu meinem Entsetzen, dass ich nackt bin. Schnell greife ich nach hinten und ziehe aus der alten Kommode meinen ältesten Schlafanzug heraus."

Entschlüsselung:

Rosa Wolke - Glückseligkeit
hinten - Vergangenheit
alte Kommode - Starrsinn
ältester Schlafanzug - alte Gewohnheiten

Übersetzung:

Ich bin in Glückseligkeit (rosa Wolke) eingehüllt und unendlich glücklich, wie ich es noch nie im Leben war. Dann schaue ich an mir herunter und sehe zu meinem Entsetzen, dass ich nackt bin. Schnell greife ich nach meiner Vergangenheit (hinten) und ziehe aus meinem Starrsinn (alte Kommode) meine alten Gewohnheiten (ältesten Schlafanzug) heraus.

Erkenntnis:

Die Dame konnte die Botschaft ihres Traumes nicht für sich umsetzen. Sie hatte den Traum voller Heiterkeit und Glückseligkeit beschrieben. Nackt wie sie war, fühlte sie sich im Traum unendlich glücklich. Sie brachte es in ihrem Leben aber nicht fertig, sich von ihren alten Gewohnheiten und ihren starren Ansichten zu lösen und verstarb - ohne die rosa Wolke real erlebt zu haben - einige Jahre später.

Sextraum

Sie haben in der Regel nichts mit Sexualität zu tun. Küssen wir im Traum eine Person oder schlafen mit ihr, ist es ein Hinweis, wieder mehr auf Menschen zuzugehen.

Eine Frau Küste im Traum innig eine Freundin. Diese Freundin entschlüsselte sie als ihre Fröhlichkeit, die sie schon lange nicht mehr in sich fühlte. Die Frau erinnerte sich nach dem Traum an eine schmerzhafte Begegnung mit einem Menschen, den sie sehr mochte, und die bereits einige Jahre zurück lag. Im Gespräch erkannte sie, dass sie seitdem gegenüber neuen Begegnungen verschlossener geworden war - aus Angst, wieder verletzt und zurückgewiesen zu werden. Ihr wurde bewusst, dass ihre Fröhlichkeit sehr darunter gelitten hatte. Ihre zu wenig gelebte Fröhlichkeit schränkte ihr Leben seitdem am meisten ein. Der Traum sagte ihr: "Öffne dich wieder mehr für andere Menschen und drücke deine Fröhlichkeit aus - die in dir ist!

Sexuelle Träume können darauf hinweisen, wieder aktiver im zwischenmenschlichen Bereich zu sein, alte Freundschaften zu pflegen oder sich dem Partner wieder mehr zuzuwenden. Nicht nur physisch, sondern vor allem psychisch, gefühlsmässig.

Frage: Gibt es ein Gefühl, eine Eigenschaft, die ich wieder mehr leben sollte? Habe ich irgendwelche Beziehungen zu anderen Menschen vernachlässigt, die ich wieder pflegen sollte?

Träume vom Töten und Sterben

Eine uns bekannte oder unbekannte Person stirbt im Traum. Wir töten jemanden, oder wir werden getötet. Diese Träume weisen einerseits daraufhin, dass wir einen positiven Teil unserer Persönlichkeit verleugnen, nicht leben, ihn abtöten. Der Traum fordert uns auf, diesen abgetrennten Aspekt wieder in unser Leben zu integrieren. Es kann eine wertvolle Eigenschaft von uns sein, die wir nicht beachten, die wir verkümmern lassen. Z. B. die Liebe zu uns selbst oder zu einem anderen Menschen. Durch die Entschlüsselung des Traumes wird es deutlich.

Andererseits werden wir auf Eigenschaften aufmerksam gemacht, die wir loslassen, "sterben" lassen sollen. Es sind Anteile von uns, wie Eifersucht, Schuld oder Zorn, die unser Leben erschweren und einschränken. Der Traum zeigt auch oft, dass wir eine längst vergangene Angelegenheit endlich begraben sollen.

Traumbeispiel 1:

Mein Vater verfolgt mich mit einem Gewehr und will mich töten.

Entschlüsselung:

Vater - Schwere
Gewehr - Hass

Übersetzung:

Meine Schwere (Vater) verfolgt mich mit Hass (Gewehr) und will mich töten.

Erkenntnis:

Ich töte mich mit meinem Hass auf mich selbst, entstanden durch meine Schwere.

Der Traum zeigte der Frau, dass sie dabei war, sich durch Selbsthass zu zerstören. Zum Einen erkannte sie, dass die Schwere, die sie bei ihrem Vater fühlte, auch in ihr war und ihr Leben sehr einschränkte. Zum Anderen wurden ihr unterdrückte Gefühle von Zorn ihrem Vater gegenüber bewusst, die ihre Beziehung zueinander seit langer Zeit beeinträchtigten.

Traumbeispiel 2:

Meine Frau fällt in einen See, der voller Krokodile ist. Sie stürzen sich auf sie und fressen sie. Einige Leute am Ufer verstehen meine Aufregung nicht. Es sei doch nicht so schlimm.

Entschlüsselung:

Frau - Deine Unbeschwertheit
See - Dein Geist
Krokodile - Deine ängstlichen Gedanken
Leute - Das Unbeteiligte
Ufer - sicherer Abstand

Übersetzung:

Meine Unbeschwertheit (Frau) fällt in meinen Geist (See), der voller ängstlicher Gedanken (Krokodile) ist. Meine ängstlichen Gedanken stürzen sich auf meine Unbeschwertheit und fressen sie. Das Unbeteiligte (Leute) in sicherem Abstand (Ufer) versteht meine Aufregung nicht. Es sei doch nicht so schlimm."

Erkenntnis:

Der Traum sagte mir, folgendes: "Dein Geist ist voller ängstlicher Gedanken (Krokodile), mit denen du deine Unbeschwertheit (Frau) tötest. Mach dir nicht so viele Sorgen und betrachte deine berufliche Situation etwas unbeteiligter und mit innerem Abstand (Ufer). Dann sieht alles gar nicht so schlimm aus.

Ich befand mich in einem beruflichen Umbruch, ohne zu wissen, wie ich meinen zukünftigen Lebensunterhalt verdienen könnte. Meine Angst vor der beruflichen Zukunft hatte meine Unbeschwertheit vollkommen überschüttet und der Traum sagte mir, dass diese Angst auch dabei war, meine Ehe zu gefährden.

Rückblickend auf diese Zeit hat der Traum recht behalten mit seiner Aussage, dass meine Situation nicht so schlimm war. Meine ängstlichen Gedanken waren in der Tat das grösste Hindernis, das ich zu überwinden hatte.

Traumbeispiel 3:

Mit einem Messer durchtrenne ich den bereits angeschnittenen Hals eines Vogels.

Entschlüsselung:

Messer - Das Moralisieren
Hals - Lebenskanal
Vogel - Meine Lebendigkeit

Übersetzung:

Mit meinem Moralisieren (Messer) durchtrenne ich den bereits angeschnittenen Lebenskanal (Hals) meiner Lebendigkeit (Vogel).

Erkenntnis:

Für Susanne bezog sich der Traum auf ihre Moralvorstellungen, die sie immer wieder an ihre Kinder weiterzugeben versuchte, und die in ihrer Familie nicht auf Begeisterung stiessen. Der Traum sagte ihr, dass sie durch dieses Moralisieren ihren eigenen Lebenskanal und ihre Lebendigkeit zerstörte und auch die ihrer Familie.

Im folgenden Beispiel war der Träumer Beobachter; er griff nicht ins Traumgeschehen ein, was ein Hinweis für sein zu passives Verhalten sein kann.

Traumbeispiel 4:

Eine Gruppe schwarzer Männer töten zornerfüllt einen Obdachlosen.

Entschlüsselung:

Gruppe schwarzer Männer - Wir sind deine ungelebten Qualitäten
Obdachloser - Deine Trägheit

Übersetzung:

Meine ungelebten Qualitäten (Gruppe schwarzer Männer) töten zornerfüllt meine Trägheit (Obdachlosen).

Erkenntnis:

Der Träumer wusste von vielen künstlerischen Fähigkeiten, die er besass, und die er verkümmern liess. Der Traum zeigte ihm seinen verdrängten Zorn gegen sich selbst, gegen seine Trägheit, da ihn diese hinderte, seine Qualitäten ausreichend zu leben. Der Traum veranlasste ihn, wieder mit dem Malen zu beginnen und er erlebte dabei ein Gefühl von Zufriedenheit und Erfüllung, welches er eine lange Zeit in seinem Leben vermisst hatte.

Wir können bestimmte Körperteile nicht bewegen, verlieren sie durch Unfall usw.

Die Beine mögen auf unsere körperliche und geistige Beweglichkeit hinweisen.

Frage: Wo enge ich mich selbst ein, oder wo lasse ich mich von anderen in meiner Bewegungsfreiheit beschneiden? Ist der Weg, den ich jetzt einschlage, der richtige?

Die Hände stehen für unser Handeln.

Frage: Ist mein Handeln wahrhaftig? War ich in einer Situation passiv, wo ich hätte handeln sollen?

Verstorbene

Bitte beachte solche Träume sehr! Es sind die Seelen der Verstorbenen, die uns im Traum erscheinen. Sie haben Botschaften für uns. Sie möchten uns helfen, aus bestimmten Situationen, in denen wir feststecken, herauszukommen. Spreche ein Gebet für sie und verzeihe ihnen, wenn noch ein Groll oder Ärger in Dir vorhanden ist. Ist es Dir nicht möglich, diese Verzeihung auszusprechen, bitte Gott, dass er diesen Seelen hilft.

Wenn wir den Menschen, der uns verlassen hat, festhalten mit unseren Gedanken und Gefühlen und ihn nicht gehen lassen wollen, binden wir diese Seele an die Erde und hindern sie an ihrer weiteren Entwicklung. Auch wenn der Schmerz unsagbar gross ist und wir glauben, ohne diesen Menschen nicht weiter existieren zu können, bitte arbeite daran, loszulassen - für Deine Entwicklung und zum Wohle der Seele, damit sie ihren Weg weitergehen kann.

Der Verlust eines geliebten Menschen stellt uns vor eine gewaltige Aufgabe. Es ist eine Hilfe, wenn wir erkennen können, dass dieser Mensch auch für uns gestorben ist - um unsere Entwicklung, unser Wachstum zu fördern. Die Träume unterstützen uns, geben uns Kraft und weisen den Weg aus dem Schmerz und der Trauer heraus. Deshalb achte besonders darauf, was Verstorbene Dir im Traum sagen.

Traumbeispiel:

Folgenden Traum hatte ein Mann einige Nächte, nachdem seine Frau an einer schweren Krankheit verstorben war.

Liege mit meiner Frau im Bett. Habe sie im Arm. Sie wird wach, strahlt mich an. Sie lacht und ist so fröhlich und gelöst. Sie sieht wunderschön und glücklich aus. So, wie sie vielleicht vor 40 Jahren ausgesehen hat. Ich frage sie: "Geht es dir gut?" "Aber ja." "Ist alles wieder in Ordnung da unten? Kein Krebs mehr?" "Nein, es ist alles gut."

Er schrieb zu diesem Traum: "Ich hatte ein Glücksgefühl, wie ich es so intensiv noch nie erlebt habe, ich kann es einfach nicht beschreiben. Es war alles so schön. Ich wollte meiner Frau noch viel mehr sagen, aber plötzlich war sie einfach weg. Der Traum war zu Ende."

Die Seele möchte dem Trauernden sagen, dass es ihr gut geht, dass sie keine Schmerzen und kein Leid mehr erfährt. Sie möchte mitteilen, dass ihr Körper erlöst ist, und dass ihr Mann sich von dem letzten von Krankheit gezeichnetem Bild, dass er von dem geliebten Menschen hat, lösen kann. Der Traum spendet dem Träumer Trost. Er soll die tiefe Einsicht erfahren, dass es letztendlich keine Trennung gibt, auch wenn durch den Tod der irdische Körper abgelegt wird.

Vorankündigung, dass jemand stirbt

Diese Träume sind sehr selten, und die betreffende Person erscheint auch nicht immer im Traum. Wenn es eine Vorankündigung ist, wachen wir aus dem Traum auf und wissen es! Träumen wir, dass eine nahestehende

Person gehen wird, ist es auch eine Aufforderung, demjenigen und evtl. den Angehörigen zu helfen und sie zu unterstützen.

Eine Teilnehmerin träumte von schneeweissen Bettlaken, die an einer Leine bis in den Himmel gespannt waren. Sie wusste, dass dieser Traum sich auf ihre Schwiegermutter bezog. Sie verstarb zwei Tage später und die Schwiegertochter konnte alles nötige vorbereiten und die Sterbende begleiten.

Erhalten wir sogenannte präkognitive Träume (vorausschauende, vorauswissende Träume), ist damit in der Regel eine Aufgabe verbunden, z. B. der betreffenden Person zu helfen. Wir sollten dann nicht in Angst und Trauer verfallen, sondern schauen, wie wir demjenigen zur Seite stehen und helfen können. Erhalten wir solche Träume, sind wir auch stark genug, diese Aufgabe zu tragen. Der Traum führt uns nur an etwas heran, dem wir auch gewachsen sind.

Diese Träume helfen, uns auf schwierige Situationen vorzubereiten. Sie geben uns Zeichen, dass eine grosse Herausforderung bevorsteht, mag es der Tod eines lieben Menschen sein oder eine andere Prüfung. Sind wir achtsam und erkennen diese Hinweise, haben wir die Möglichkeit, uns auf diese Situationen vorzubereiten. Manchmal können wir dadurch auch schwierige Situationen (z. B. Krankheit) vermeiden oder zumindest abschwächen.

Krankheit

Bist Du oder sind andere Personen im Traum krank, wünschst Du Dir im Traum Urlaub usw., dann trete auf die Bremse. Der Traum zeigt Dir an, dass Du Dich überforderst und bereits Deine Reserven angreifst. Der Traum kommt oft zu einem Zeitpunkt, an dem Du Dich noch fit und voller Lebenskraft fühlst. Krankheiten benötigen eine bestimmte Zeit, bevor sie sich im Körperlichen manifestieren. Der Traum ist ein wunderbares Frühwarnsystem, das uns hilft, rechtzeitig Ruhephasen einzulegen und das zu tun, was gut für uns ist, um unsere Gesundheit zu erhalten.

Traumbeispiel 1:

Eine Frau schrieb in ihr Traumtagebuch als Tagesnotiz: "Seit einiger Zeit wieder eine Allergie, seit gestern schlimmer geworden."

Am nächsten Morgen erinnerte sie sich an folgenden Traum: *„Stephan sagt, dass er mir eine Medizin zusammengemixt hat. Gegen meine Angst hat er auch etwas hineingetan. Ich frage ihn, ob es Aspen ist (eine Bachblüte). Er bejaht es."*

Entschlüsselung:

Stephan - Helfer
Medizin - Erleichterung
Aspen - Hilfe gegen Angst

Übersetzung:

Mein Helfer (Stephan) sagt, dass er mir Erleichterung (Medizin) zusammengemixt hat. Gegen meine Angst hat er auch etwas hineingetan. Ich frage meinen Helfer, ob es Hilfe gegen Angst (Aspen) ist. Er bejaht es.

Erkenntnis:

Sie nahm Aspen ein und ihre Allergie verschwand. Sie brach noch ein weiteres Mal auf, und sie behandelte sie wieder erfolgreich mit Aspen. Seitdem ist die Allergie nicht wieder aufgetreten.

Der Traum macht dieTräumerin auf eine unbewusste Angst aufmerksam, die sich möglicherweise über den Hautausschlag ausdrückte. Offensichtlich genügte die Bewusstwerdung und Annahme dieser Angst, in Verbindung mit der Bachblüte Aspen, den Hautausschlag aufzulösen. Er hatte seinen Zweck, ihre unbewusste Angst in ihr Bewusstsein zu bringen, erfüllt.

Traumbeispiel 2:

Ein Mann erzählt mir, dass ich eine eingewickelte Sicherheitsnadel im Bauch habe, die mir sehr gefährlich werden kann. Er entfernt sie mir, indem er mir einen Punkt links neben der Nase drückt.

Entschlüsselung:

Mann - Deine Klarheit
Eingewickelte Sicherheitsnadel - Das Festhalten an deinen Gewohnheiten
Bauch - Dein seelisches Gleichgewicht
Punkt links neben der Nase - Schmerz

Übersetzung:

Meine Klarheit (Mann) erzählt mir, dass ich meine Gewohnheiten, an denen ich festhalte (eingewickelte Sicherheitsnadel) in meinem seelischen Gleichgewicht (Bauch) habe, die mir sehr gefährlich werden können. Die Klarheit entfernt sie mir, in dem sie meinen Schmerz (Punkt links neben der Nase) drückt.

Erkenntnis:

Ich hatte mir einen Tag zuvor fest vorgenommen, weniger zu essen. Es war eine Angewohnheit von mir, zu den Mahlzeiten zu viel zu mir zu nehmen, welches mir nicht gut tat. Die Sicherheitsnadel im Bauch verband ich damit, mich nach dem Essen manchmal "zu voll" zu fühlen. Den Punkt neben der Nase konnte ich mir nicht erklären, da ich dort nur einen normalen Druckschmerz empfand. An dem Morgen nach diesem Traum hatte ich einen Zahnarzttermin bei einem sehr aufgeschlossenen Arzt. Ich erzählte ihm diesen Traum und er röntgte daraufhin meinen Oberkiefer. Dabei stellte er eine Knochenhautentzündung links neben der Nase fest, die unentdeckt sehr schlimm hätte werden können. Mir wurde bewusst, dass die Zähne und der Kiefer mit der Nahrungsaufnahme zusammenhängen, und ich meine Essgewohnheiten wirklich zu überprüfen hatte.

Träume führen uns durchs Leben

Anhand der zusammengefassten Traumbeispiele von Michael über einen Zeitraum von 2 1/2 Jahren und Susanne von 11 Monaten ist deutlich zu erkennen, wie Träume unseren Entwicklungsprozess unterstützen und begleiten. Bei beiden ist der rote Faden zu erkennen, der sich durch ihre Träume zieht.

Zusammenfassung von Michaels und Susannes Träumen

Michaels Träume

Im ersten Traum wird Michael von einem Löwen, den er als seine wilde, unterdrückte Kraft entschlüsselt, angegriffen. Eine Warnung, dass sich diese seit langem in ihm aufgestaute Energie gegen seine psychische und physische Gesundheit richtet.

Ein Löwe will mich angreifen. Ich fliehe vor ihm und suche Schutz in der Gartenlaube, die meinen Eltern gehört. Er durchbricht die Tür und stürzt sich auf mich.[19]

Im zweiten Traum wird ihm durch einen unsichtbaren Mann gezeigt, wie stark bzw. wie wenig er seinen männlichen Teil (Löwe = seine wilde unterdrückte Kraft) einbringt und lebt - er ist nicht sichtbar. Diesen Teil hat Michael zu aktivieren, um seine zurückgehaltenen Gefühle ausdrücken zu können.

Die Tochter von Bekannten hat geheiratet. Alle drei sehen nicht sehr glücklich aus. Ihr Vater ist so dünn, dass er unsichtbar ist. Ihre Mutter ist das Gegenteil und sehr füllig. Ich umarme sie und sie fängt an zu weinen.[20]

Die Situation spitzt sich zu in seinem Vulkantraum. Mit dem Vulkanausbruch sagt ihm der Traum, dass seine Gefühle von Wut, Trauer,

---

19 Siehe Seite 85

20 Siehe Seite 80

Schmerz und Selbsthass (glühende Lavabrocken) nicht mehr zurückgehalten werden können und mit Macht an die Oberfläche und ins Bewusstsein drängen.

Ein Vulkan bricht mit aller Macht aus. Riesige, glühende Lavabrocken fliegen um mich herum, ohne mich zu verletzen. Ich möchte meine Mutter und meinen Vater evakuieren, doch sie sehen keine Gefahr für sich und wollen bleiben. Dies erwarten sie auch von mir und ich fühle mich verpflichtet, ihnen beizustehen. Dann entscheide ich mich dafür, auch ohne sie zu fahren. Ich weiss, dass ich es tun muss.[21]

Im darauffolgenden Traum einige Tage später übergiesst ihn ein Verrückter - seine Wut und abgespaltene Aggression - mit Benzin und will ihn anzünden. Eine kurze Zeit später wurde er mit heftigen Gefühlen konfrontiert, die er vorher nie in dieser Form wahrgenommen hatte. Sein Körper reagierte seit einigen Monaten mit Entzündungen in den Gelenken, die seine Bewegungsfreiheit stark eingeschränkt hatten. Seine eingefrorenen Gefühle liessen auch seine Bewegungsfähigkeit erstarren. In seinen Träumen tauchten sie als gefrorene Lebensmittel auf, um auf sich hinzuweisen. Daraufhin kam es zu den erwähnten Gesprächen mit seinen Eltern und auch in anderen Situationen bezog er eine klarere Position.

Ein Verrückter, der sehr aggressiv ist, verfolgt mich und greift mich an. Er wirft mich nieder, schüttet Benzin über mich und lässt ein brennendes Streichholz auf mich fallen. Ich kann nicht mehr ausweichen und wache auf.[22]

Nach dieser "Klärungsphase" erhielt er den Schlangentraum, in dem eine Schlange, die für ihn Heilung symbolisierte, einen kranken Mann - seine zu wenig gelebte männliche Seite - umwickelt und ihn damit heilt.

Ein Mann liegt krank im Bett. Eine grosse Phytonschlange kriecht auf ihn zu. Jemand sagt zu dem Mann, er soll sich die Schlange um die Brust binden und still liegen bleiben. Nach einer Weile löst sich die Schlange und schlängelt sich weg. Der Mann steht gesund auf.[23]

---

21 Siehe Seite 154

22 Siehe Seite 103

23 Siehe Seite 86

Zwei Wochen später träumt Michael von einem Paar, die in einem vollkommenen Tanz über das Parkett gleiten. Nach einer langen Entwicklung haben seine gefühlsmässige weibliche und verstandesmässige männliche Seite zusammengefunden und tanzen gleichberechtigt durchs Leben. Dies bewusst zu leben, wurde Michael durch den letzten Traum als Aufgabe mitgegeben. Parallel zu dieser Entwicklung gingen seine Gelenkschmerzen langsam wieder zurück und lösten sich einige Wochen später auf.

Es läuft das Finale in einer grossen Fernsehshow. Ein Paar führt einen wunderschönen Tanz in vollendeter Harmonie auf. Auch äusserlich passen sie vollkommen zusammen.[24]

Susannes Träume

Im ersten Traum, in dem Susanne einen Parkplatz (Ruhebedürfnis) für ihren LKW (Arbeit) sucht, wird ihr gezeigt, dass sie vor lauter Arbeit keine Ruhe findet und mit Gewalt über ihre Bedürfnisse hinweg geht. Ein Mann, der ihre Liebe symbolisiert, wird verprügelt. Zu den Tätern - ihre Gewalt, die sie sich selbst antut - ruft er: "Hört auf, ich muss ansonsten ins Krankenhaus." Genau das geschieht noch am gleichen Tage - sie bekommt einen Hexenschuss. Da die Botschaft des Traumes sie nicht erreichte, suchte sich der Körper eine andere Möglichkeit, um sich die Ruhe zu verschaffen, die er benötigte.

Ich überlege, wo ich meinen LKW mit Überlänge parken könnte. Links von mir sehe ich, wie zwei Männer einen dritten Mann verprügeln. Er wehrt sich und ruft: "Hört auf, ich muss ansonsten ins Krankenhaus.[25]

Drei Wochen später träumt sie von einer riesigen Spinne über ihrem Bett, die sie als ihre Belastungen, denen sie nicht mehr gewachsen ist, entschlüsselt. Nur ihr Mann - ihre liebevolle Seite - kann ihr helfen. Der Traum macht ihr deutlich, dass sie sich zu sehr fordert, ihre Gesundheit bereits angegriffen ist und ihre Rettung darin liegt, mit sich selbst liebevoller umzugehen - mit ihrer liebevollen Seite, die sie im vorherigen Traum verprügelt hat.

---

24 Siehe Seite 82

25 Siehe Seite 62

Ich liege im Bett und sehe plötzlich den Grund meiner Krankheit. Ein riesiges, spinnenähnliches Gebilde zeigt sich vor mir und dunkler Nebel kommt hervor. Ich rufe meinen Mann; er soll schnell das Licht anmachen."[26]

Vier Monate später träumt sie von einem Schatz (Silberstück), der sich in ihrer liebevollen Seite (Rose) verbirgt. Der Traum möchte ihr zeigen, welch ein wertvoller Schatz in ihr begraben ist, den sie nicht anerkennt. Wieder weist der Traum sie auf ihre Ruhebedürftigkeit (Rasen) und ihre Überaktivität (Hand) hin, und er richtet eine erneute Bitte an sie - den eigenen Wert zu erkennen und sich selbst ein Stück mehr zu lieben.

Ich gehe an einer rosafarbenen Rose vorbei. Da fällt aus ihr ein grosses rundes Silberstück. Es sieht sehr wertvoll aus, ist aber nur ein 5-Mark-Stück... Ich gehe auf den Rasen, da fällt mir beim Betrachten das Silberstück aus der Hand.[27]

Sechs Monate später träumt sie von einer Babuschka. Sie entschlüsselt sie auf dem Berg und erhält von ihr die Antwort: "Nur wenn ich Leistung bringe, bin ich anerkannt und geliebt."

Jetzt verstand sie besser ihr Verhalten und ihre Vorstellung von Pflichterfüllung und Anerkennungsbedürfnis, welches sie regelmässig in die körperliche und seelische Erschöpfung trieb. Dieses Muster aufzulösen, war ihre kommende Aufgabe.

Durch Träume Erkenntnisse bekommen, die uns im Leben weiterhelfen!

Auf dem Berg erfährst Du mit fortschreitender Übung immer direkter und klarer, welche Botschaften die Traumsymbole für Dich haben, und welcher eigene Anteil sich im Symbol verbirgt. Mit der Zeit wirst Du die Situationen, auf die sich der Traum bezieht, schneller wahrnehmen und zuordnen. Ein Traum weist uns auf unterschiedliche Aspekte unseres

26 Siehe Seite 101

27 Siehe Seite 93

Lebens hin. Neben den hier genannten wirst Du mit der Zeit weitere entdecken.

1. Er macht uns auf nicht gelebte Gefühle aufmerksam. Er zeigt uns unsere Qualitäten, die wir noch nicht erkannt und/oder gelebt haben wie z. B. Mut, Freude, Humor, Gelassenheit. Auch weist er uns auf Fähigkeiten hin, die in uns schlummern und ausgedrückt werden möchten. Zu exzessiv gelebte Gefühle, Ängste, Wut, Eifersucht, Trägheit usw. möchten erkannt und aufgelöst werden.

2. Der Traum weist uns auf eine bestimmte, aktuelle Situation hin. Er möchte uns z. B. vor den Folgen einer getroffenen Entscheidung warnen. Möglicherweise haben wir etwas übersehen oder überhört, und der Traum gibt uns Informationen, die unser Unterbewusstsein zwar aufgenommen, die wir aber nicht in unsere Überlegung mit einbezogen haben. Er zeigt uns eine Sichtweise, die uns hilft, mit einem Problem anders und besser umzugehen, als wie wir es bisher getan haben.

3. Der Traum weist uns auf ein Verhaltensmuster hin, das sich immer und immer wieder in uns abspielt. Wir erleben eine Situation und schon läuft ein automatisches Programm ab. Vielleicht hast Du die Erfahrung gemacht: Jemand sagt Dir etwas und sofort kommt eine bestimmte Reaktion, über die Du Dich im Nachhinein ärgerst oder ein ungutes Gefühl im Bauch hast "...ich hätte ja auch anders reagieren können". Wir haben in fast jedem Traum die Möglichkeit, Programme und Glaubensmuster in uns zu erkennen, die wir irgendwann einmal angenommen haben, und die heute einen Teil unseres Lebens kontrollieren. Sie sind uns zur Gewohnheit geworden. Der Traum zielt darauf ab, dass wir uns hinterfragen, ob dieses Verhalten oder diese Einstellung, die zu einem früheren Zeitpunkt nützlich gewesen sein mögen, auch jetzt noch gut für uns sind? Frage Dich: "Ist diese Einstellung für mich und für meine Mitmenschen hilfreich? Wie hätte ich mich besser verhalten können?"

4. Der Schluss des Traumes verrät es. Er hält immer einen Lösungsvorschlag, einen nächsten Schritt für uns bereit, der uns weiterkommen lässt.[28]

---

28 Siehe Kapitel „Traumstruktur“ ab Seite 99

Der Traum ist ein Mittler zwischen gestern und morgen. Er führt uns aus der Vergangenheit in die Zukunft - aus dem Unbewussten ins Bewusstsein. Er möchte das Beste für uns und fordert uns auf, eine Zwiebelschicht nach der anderen abzulegen, um frei zu werden von Abhängigkeiten und Bindungen, die uns begrenzen. Er lässt uns erkennen, wer wir wirklich sind, und welche Aufgaben wir auf Erden zu erfüllen haben. Der Traum wird nichts von uns verlangen, was wir nicht leisten können, sondern möchte uns ermutigen, unser geistiges und kreatives Potential, das wir mitgebracht haben, auszuschöpfen und zu verwirklichen - um ganz Mensch zu SEIN.

Abbildung 9: Der Traum führt uns aus der Vergangenheit in die Zukunft
- aus dem Unbewussten ins Bewusstsein

Direkte und symbolische Aussage von Träumen

Um sich die grösstmöglichste Erkenntnis aus einem Traum zu erschliessen, ist es hilfreich, von zwei Seiten an ihn heranzutreten. Wir fragen uns zum einen: "Was ist die direkte Aussage des Traumes?" Und zum anderen: "Was ist die symbolische Aussage?"

Direkte Aussage bedeutet, den Traum z. B. auf die Person zu beziehen, die in ihm vorkommt. Das, was im Traum geschieht, wörtlich und direkt zu nehmen. Ein Beispiel ist die Frau mit der Allergie, die davon träumte, die Bachblüte Aspen einzunehmen[29] oder der Traum, in dem einer Frau empfohlen wurde, bestimmte Yogaübungen wegen ihrer Schmerzen nicht mehr auszuüben.[30]

Symbolische Aussage bedeutet, dass sich der Traum auf die Tiefe Deines Seins bezieht, auf Deine Gedanken und Gefühle. Jedes Symbol ist ein Aspekt Deiner Persönlichkeit und spiegelt eine Eigenschaft von Dir. Über die symbolische Betrachtung unserer Träume erfahren wir tiefe Einsichten über uns selbst, wer wir sind, und wohin wir gehen.

Im nächsten Beispiel sind beide Seiten schön zu erkennen. Eine Frau wollte auf Provisionsbasis für eine Firma Kräuterprodukte verkaufen. Sie erhielt folgenden

Traum:

Eine Person möchte, dass ich mich wieder mehr für die Versicherung X engagiere. Eigentlich möchte ich es nicht, aber ich kann das Geld gut gebrauchen. Die Person möchte ein Schreiben von mir, in dem ich versichere, in der Zukunft mehr Abschlüsse wie bisher zu tätigen. Sie drängt mich, es sofort aufzusetzen. Ich suche lange nach einem leeren, weissen Blatt Papier. Ich finde keins und spüre in mir, dass diese Tätigkeit meinem Innersten widerstrebt."

Entschlüsselung:

Person - Gier nach Geld
Versicherung X - Teufel, Dunkelheit

---

29 Siehe Seite 117
30 Siehe Seite 32

Geld - Materielle Sicherheit
Schreiben - Seelenverkauf
Abschlüsse - Erfolge
Leeres weisses Papier - Deine reine Seele
Tätigkeit - Geldgier

Übersetzung:

Meine Gier nach Geld (Person) möchte, dass ich mich wieder mehr für den Teufel und die Dunkelheit (Firma X) engagiere. Eigentlich möchte ich es nicht, aber ich kann die materielle Sicherheit (Geld) gut gebrauchen. Die Gier nach Geld möchte einen Seelenverkauf (Schreiben) von mir, in dem ich versichere, in der Zukunft mehr Erfolge (Abschlüsse) wie bisher zu tätigen. Meine Gier nach Geld drängt mich, meinen Seelenverkauf sofort aufzusetzen. Ich suche lange nach meiner leeren, reinen Seele (weisses Papier). Ich finde sie nicht und spüre in mir, dass diese Geldgier meinem Innersten widerstrebt."

Erkenntnis:

Sie erkannte, dass sie sich jetzt in eine ähnliche Situation begeben würde wie vor einigen Jahren, wo sie für ein Finanzdienstleistungsunternehmen gearbeitet hatte. Ihr wurde bewusst, dass ihr Hauptmotiv auch jetzt das schnelle Geldverdienen war und sie ihre Seele verkaufen würde.

Die direkte Aussage ihres Traumes lautet: "Ich sollte die neue Tätigkeit nicht annehmen, da sie meinem Innersten widerstrebt." Die symbolische Aussage macht ihr deutlich: "Das Motiv für die neue Tätigkeit ist meine Gier nach Geld, und ich werde lange nach meiner reinen Seele suchen müssen."

Kommen in Deinen Träumen bekannte Personen vor, beobachte, ob die Eigenschaften und Gefühle, auf die der Traum Dich hinweist, auch auf die Beziehung zu diesen Menschen zutreffen.

Eine Frau, die aufgrund einer Krankheit sehr auf ihren Mann angewiesen war, wachte mit folgendem Traum auf:

"Ich sehe eine in der Bewegung erstarrte Tänzerin vor mir. Im nächsten Bild kommt mein Mann auf mich zu und nimmt mich an die Hand"

In der erstarrten Tänzerin sah sie ihre Gefühle und ihr Verhalten ihrem Mann gegenüber. Ihr wurde bewusst, dass sie aktiver und auch Selbständiger in ihrer Beziehung werden sollte. Schritt für Schritt setzte sie es in die Tat um und in einem Zeitraum von einigen Monaten, geführt durch ihre Träume, verbesserten sich die Ehe und ihr körperlicher Zustand zusehends. Einige Monate später bekam sie folgenden Traum:

„Mein Jugendfreund ist mit einigen Männern aus dem Gefängnis ausgebrochen. Sie sind froh, dem Terror dort entronnen zu sein..."

Das Gefängnis war für sie ihre Ehe und der Jugendfreund ihre Frische und Bewegung. Beides hatte sie sich ein Stück zurückerobert. Der Traum sagte ihr, dass ihre Ehe bis vor kurzem wie ein Gefängnis war, aus dem sie durch ihre neue Frische und Aktivität ausgebrochen ist - was beiden Partnern sehr gut tut.

Sprich mit Deinen Traumsymbolen - es sind Anteile und Eigenschaften von Dir

Du hast die Möglichkeit, mit Deinen Symbolen zu kommunizieren. Du kannst mit ihnen reden und wirst manche überraschende Antwort erhalten.

Nachdem Du einen Traum auf dem Berg entschlüsselt hast, wirst Du weitere hilfreiche Informationen von Deinen Symbolen - den verschiedenen Anteilen in Dir - bekommen, wenn Du sie zu einem Dialog einlädst. Du wirst staunen, welche Antworten sie auf Deine Fragen geben. Sie werden Dich auf neue Ideen bringen, Dir Vorschläge machen und Dir neue Standpunkte aufzeigen. Sie werden sich beschweren, wenn sie lange nicht von Dir beachtet wurden, sie sagen, was sie sich von Dir wünschen, und wovor Du Dich in acht zu nehmen hast. Sie erzählen von ihren Ängsten, ihren Hoffnungen und unerfüllten Sehnsüchten. Du wirst viele neue Räume in Dir entdecken und kennenlernen.

Um ein ungestörtes Gespräch mit einem Symbol zu führen, besteige wieder die Bergspitze und setze Dich dem Symbol gegenüber. Von oben scheint das Licht der Sonne, der Wahrheit auf Dich und das Symbol herab und umhüllt Euch. Sprich Dein Symbol mit der entschlüsselten Eigenschaft an, z.B. "Liebe Trauer, was macht dich so traurig? Was ist die

Ursache deiner Trauer? Wie kann ich dir helfen?" Erlaube Deinem Herzen, alles aus- und anzusprechen, was Dich innerlich bewegt.

- Sage dem Symbol, was Du ihm gegenüber fühlst (Angst, Schmerz, Freude, Leichtigkeit usw.), z. B. "Schmerz, ich fürchte mich vor dir. Warum verfolgst du mich?" oder "Liebe Freude, deine Gegenwart macht mich fröhlich. Was kann ich tun, um dich häufiger in meinem Alltag zu spüren?"
- Stelle dem entschlüsselten Symbol alle Fragen, die Dir einfallen, z. B. "Was möchtest du mir sagen? Was habe ich dir angetan, dass du mich ablehnst (verfolgst, verurteilst usw.)? Was hat dich so verletzt?"
- Sprich mit den Symbolen, die nach der Entschlüsselung noch ein unklares Gefühl in Dir hinterlassen.
- Bitte auch die Symbole zum Gespräch, die Du als Deine Weisheit, als Wahrheit, als Dein Wissen, als Höheres Selbst entschlüsselst. Du bekommst von ihnen wertvolle Hilfen. Sie führen und geleiten Dich auf Deinem Weg. Frage z. B. "Liebe Weisheit, was würdest Du jetzt in meiner Lage tun?"
- Frage das Symbol, was es sich von Dir wünscht, und wie Du ihm helfen kannst, wenn es z. B. hilflos oder ängstlich erscheint. Löst das Symbol ein schönes, lichtes Gefühl in Dir aus, frage, wo Du diesen Anteil in Deinem Leben verwirklichen oder mehr ins Leben bringen kannst.
- Fürchtest Du Dich vor der Konfrontation mit dem Symbol oder hast Du das Gefühl, das Gespräch führt in eine Sackgasse, es findet sich keine Lösung - bitte Gott oder das Höhere Selbst um Hilfe und Führung. Du wirst eine positive Veränderung erfahren.
- Bitte das Höhere Selbst: "Liebes Höhere Selbst, was möchtest Du mir mit diesem Symbol sagen? Welche Botschaft möchtest Du mir bringen? Auf was möchtest Du mich aufmerksam machen?"
- Mache dem Symbol deutlich, dass es ein Teil von Dir ist. Ist Deine Beziehung zum Symbol unterkühlt oder sogar eisig, finde einen Weg, Dich ihm anzunähern. Ein ablehnendes oder unnahbares Symbol wird häufig zugänglicher, wenn Du z. B. sagst: "Eifersucht, du bist ein Teil von mir, und ich nehme dich so an wie du bist." Erst wenn wir lernen, die Schattenanteile in uns anzunehmen und zu lieben, können wir sie

auflösen und ganzheitliche Heilung erfahren. Dazu gehören natürlich auch unsere wertvollen Eigenschaften wie Mut, Freude, Mitgefühl usw., die wir oft genug nicht sehen und annehmen wollen, und die aus ihrem Schattendasein befreit werden möchten.

- Ein Mann träumte von einer Bekannten, die er als seine Eifersucht entschlüsselt hatte. Sie verhielt sich sehr distanziert und abweisend ihm gegenüber und war zu keiner Unterhaltung mit ihm bereit.
- Er sagte ihr folgendes: "Eifersucht, ich erkenne an, dass du ein Teil von mir bist. Ich verstehe deine Reaktion, denn ich habe dich eine lange Zeit verleugnet. Ich erkenne jetzt, dass Du mir meine Angst vor dem Verlassenwerden aufzeigst. Damit hast du deine Aufgabe erfüllt. Ich widerrufe jetzt alle Vereinbarungen mit dir, durch die du mich kontrolliert und in die Eifersucht geführt hast. Eifersucht, du hast ab jetzt und für immer keine Macht und keinen Einfluss mehr auf mich. Ich bin vollkommen frei von dir".
- Während er diese Sätze sprach, wurde die Bekannte in seiner Vorstellung aggressiv und fing fast hysterisch an, mit ihren Händen auf ihn einzuhauen. Sie tobte und wütete bis zur Verausgabung, fing dann an zu weinen bis sie zum Schluss erschöpft und traurig auf dem Boden lag. Er umhüllte sie in seiner Vorstellung in Licht, und sie begann zu schrumpfen bis von ihr nur mehr ein Samenkorn übrigblieb. Den pflanzte er in die Erde, wässerte ihn und schnell begann eine grüne Pflanze zu spriessen. Die Pflanze stand für ihn für eine neue fruchtbare Beziehung zu seiner Partnerin, die durch seine Eifersucht am Keimen und Wachsen gehindert gewesen war. Seine Angst vor dem Verlassenwerden war ihm durch vorangegangene Träume bewusst geworden und er erkannte, dass diese Angst ihn immer wieder in die Eifersucht getrieben hatte.
- Manche Symbole - unsere Eigenschaften - können hartnäckig sein. Begegne ihnen mit der gleichen Ausdauer und mache ihnen deutlich, dass sie keinen Einfluss mehr auf Dich haben. Mit der Zeit wirst Du Dich von ihnen lösen.
- Die liebevolle, annehmende Begegnung mit den Symbolen führt zur Versöhnung mit den ungeliebten Anteilen in uns. Bist Du innerlich bereit, kannst Du das Symbol zum Abschluss umarmen oder in ein Licht

einhüllen. Stelle Dir ein goldweisses Licht vor, das von Deinem Herzen aus zum Symbol strömt, es liebevoll umhüllt und durchdringt. Es ist ein Anteil von Dir, dem Du dieses Licht, Deine Liebe schenkst.

Betrachte die Kommunikation mit den Symbolen als ein Spiel ohne Grenzen und erfreue Dich daran. Lass Dich von dem Humor, von der Fröhlichkeit, von der Ausgelassenheit Deiner Symbole anstecken und nehme auch die traurigen und schmerzlichen Gefühle von ihnen an. Alles was Du fühlst und erfährst, ist in Dir, bist Du und möchte harmonisiert werden.

Wann immer Du eine Frage hast, Dich etwas beschäftigt, Du nicht vorankommst oder vor einer Entscheidung stehst - frage Deine Führung, frage Gott: "Was würdest DU jetzt tun?". Dann sei einfach still und eine Antwort wird kommen - sei es ein Gedanke, ein Bild oder ein Gefühl. Fühlt sich diese Antwort in Deinem Herzen gut an, dann vertraue und folge ihr.[31]

Wie bekomme ich einen Traum, der mir bei einem Problem weiterhilft?

Wir können das Höhere Selbst zu jedem Problem oder Thema um einen Traum bitten, der uns helfen möge, eine richtige Entscheidung zu treffen oder eine Lösung zu finden. Je mehr Du Dich Deinen Träumen und damit der inneren Führung anvertraust, umso klarer wirst Du durch schwierigste Situationen hindurchgeführt. Immer mehr Menschen haben das Gefühl, ihren Halt im äusseren Leben zu verlieren. Arbeitslosigkeit, Beziehungskonflikte, Ängste vor zunehmender Gewalt usw. belasten uns stärker denn je. Viele stellen sich die Frage nach dem Sinn des Lebens und ob es überhaupt einen gibt? Welche Rolle habe ich zu erfüllen? Welchen Beitrag habe ich zu leisten? Die Träume beantworten unsere Fragen, wenn wir sie richtig stellen und wirklich beantwortet haben möchten.

Im folgenden eine Schilderung, wie Du bewusst Deine Träume beim Lösen eines Problems einsetzen kannst. Ich war viele Jahre in der

31 Zwei Beispiele, wie ein Dialog mit einem Symbol geführt werden kann, findest Du auf den Seiten.44, 45 und 104

Promotion und im Musikmanagment tätig. Während dieser Zeit regte sich mehr und mehr ein Gefühl, dass es noch eine andere Aufgabe für mich gibt, obwohl ich mir mit meiner damaligen Tätigkeit einen Wunschtraum erfüllt hatte. Dieses Sehnen nach der wahren Berufung wurde immer stärker, verbunden mit der schmerzlichen Gewissheit, meinen damaligen Beruf auch loslassen zu müssen. Ich konnte es einrichten, meine Arbeit auf 2 - 3 Tage in der Woche zu reduzieren, um irgend etwas in mir, was immer es auch sein mochte, genügend Raum zur Entfaltung zu geben. Geführt durch die Träume entwickelte sich mir ein immer klareres Bild von meiner zukünftigen Arbeit. Ich wagte zum erstenmal die Frage "Was ist meine wahre Berufung?"

Traum: *Ich bewerbe mich für einen neuen Job. Meine Unterlagen sind aber noch nicht vollständig. Ich benötige noch ein Papier und habe meine Wohnung aufzuräumen, um es zu finden.*

Ich hatte in der Tat noch einiges in mir aufzuräumen. Meine nächste Frage war: "Was hindert mich daran, meine wahre Berufung zu erkennen?"

Traum: *Ich habe mit einem Segelschiff einen Kanal zu passieren, um mein Ziel, das Meer zu erreichen. Doch der Zöllner hat die Durchfahrt auf unbestimmte Zeit gesperrt.*

Der Zöllner war meine Unsicherheit und meine Angst vor dem Neuen. Genau diese Gefühle hinderten mich daran, meine wahre Berufung, die das Meer für mich symbolisierte, zu erreichen. Ich schaute mir diese Gefühle genau an, arbeitete daran und fragte nach einiger Zeit wieder nach meiner Berufung.

Traum: *Ich fahre in einem grossen Bus auf der Autobahn. Plötzlich dreht der Fahrer um 180°. Ich denke, jeden Moment werden wir mit einem entgegenkommenden Fahrzeug zusammenstossen. Da sehe ich, dass die Autobahn für uns gesperrt wurde, damit wir in die entgegengesetzte Richtung fahren können.*

Der Traum sagte mir eindeutig, dass etwas völlig anderes auf mich zukommen wird, entgegengesetzt meinem damaligen Wunsch, mich zwar zu verändern, aber weiterhin im Musikbereich zu arbeiten. Wollte ich wirklich meine Berufung erfahren, hatte ich zu lernen, loszulassen, was war und offen zu sein für alles, was kommt. Einige Wochen später hatte ich in der Meditation einen Tagtraum, in dem ich Menschen meine Hände auf den Kopf lege und sie wieder gesund werden. Zuvor hatte mir ein Freund ein Buch über Shiatsu geschenkt, das ungelesen im Regal stand. Etwas später lernte ich einen Shiatsu-Meister aus der Südsee kennen, der mein weiteres Leben sehr beeinflussen sollte. Voller Skepsis, Faszination und Ablehnung fragte ich: "Ist es richtig, in seine Lehre zu gehen?"

Traum: *Ich trete in einer Fernsehshow vor einem Millionen-Publikum auf und singe folgenden Text. "Ich habe das Glück gesehen, ein schöner Tag, komm Welt, lass dich umarmen, welch ein Tag.*

Klarer konnte ein Traum nicht sein. Ich hatte zu ihm zu gehen, und ich tat es. In den folgenden Monaten und Jahren durfte ich verschiedenen Lehrer/innen begegnen und lernte sehr viel von ihnen. Auch meine Traumarbeit wurde immer intensiver, und ich überliess mich mit allen Konsequenzen mehr und mehr der inneren Führung. Es kam der Zeitpunkt, den ich erhoffte und vor dem ich Angst hatte, und ich stellte die Frage: "Ist es die richtige Entscheidung meinen Job ganz zu beenden?"

Traum: *Eine Frau erzählt, dass sie sehr krank war und durch das Auflegen meiner Hände geheilt wurde. Jemand sagt zu mir, dass in absehbarer Zeit eine neue Arbeit auf mich zukommt.*

Ich hatte also noch etwas Geduld zu zeigen und Zeit, mich auf diesen Schritt vorzubereiten. Ich bekam auch ausserhalb der Träume einen immer tieferen Kontakt zu meiner Inneren Stimme und ein Jahr später wurde mir dann gesagt, dass ich alles aufgeben und mich sechs Monate zurückziehen sollte. In dieser Zeit würde sich meine neue Tätigkeit, die ich heute ausführe, entwickeln. Und das tat sie auch.

Einige meiner Fragen wiederholte ich an zwei bis drei Abenden hintereinander, bevor mir die Antwort klar wurde. Mit manchen Träumen konnte ich nichts anfangen, und ich bat dann um eindeutige Bilder. Ging ich mal in die Irre, so führten mich die nachfolgenden Träume immer wieder auf den richtigen Weg. Habe keine Angst, durch einen nicht verstandenen Traum vom Weg abzukommen. Der nächste Traum wird Dich korrigieren.

Die richtige Frage

Möchtest Du um einen Traum bitten, nimm Dir Zeit für die Frage! Über die Art und Weise, wie wir eine Frage formulieren, können wir uns mehr Klarheit über die Situation verschaffen, in der wir uns befinden.

Wende Deine Aufmerksamkeit nach innen und spüre in Dein Herz hinein, welche Frage Dich jetzt am meisten beschäftigt. Es sollte eine Frage sein, die Deine jetzige Lebenssituation betrifft. Spüre, ob Du wirklich bereit bist, eine Antwort zu bekommen und die möglichen Konsequenzen daraus zu ziehen. Der Traum wird uns eine Veränderung aufzeigen, die in unserem jetzigen Leben angebracht ist. Solange wir innerlich noch nicht soweit sind, diesen Schritt zu tun, werden wir uns auch (unbewusst) gegen eine Antwort auf unsere Frage wehren.

Besonders die Gedanken, die wir vor dem Einschlafen haben, werden von unseren Träumen aufgegriffen und weiter bearbeitet. Setze Dich vor dem Schlafengehen mit der Frage, die Dich beschäftigt, auseinander und beobachte Deine Gefühle und Gedanken dazu. Je intensiver wir uns mit dem Thema beschäftigen, je klarer wir eine Frage formulieren, desto eher werden wir uns an den Traum erinnern und ihn entschlüsseln können.

Die Frage sollte so kurz wie möglich sein. Ohne Nebensatz! Hast Du eine Frage formuliert, spüre nochmals in Dich hinein, ob die Frage genau den Punkt trifft, den Du beantwortet haben möchtest. Dann notiere die Frage in Dein Traumbuch. Dies ist wichtig, damit Du weisst, worauf sich der Traum in der darauf folgenden Nacht bezieht und für ein späteres Nachlesen des Traumes.

Im folgenden einige Beispiele von Fragen, die sich Teilnehmer/innen der Seminare gestellt haben.

- Situation: Ein junger Mann leidet unter ständigen Rückenschmerzen. Frage: „Was darf ich tun, damit mein Rücken wieder gesund wird?“ Wir sollten die Frage immer positiv formulieren. Das Negative, die Krankheit, nicht in die Frage mit hineinnehmen. Also nicht: "Wie werde ich meine Rückenschmerzen los?"
- Situation: Eine Teilnehmerin wünschte sich, ihre Freude mehr ausdrücken zu können, fühlte sich aber zu gehemmt. Frage: „Was hilft mir, meine Lebensfreude zu leben? Nicht fragen: "Warum kann ich mich

nicht mehr freuen?", sondern: "Was hilft mir...?" Diese Formulierung baut auf und zeigt, was wir tun und ändern können.

- Situation: Eine Frau hat sich selbständig gemacht, ihre Arbeit läuft nicht so, wie sie es sich wünscht. Frage: "Was kann ich tun, um meine Arbeit effektiv zu gestalten?" Wir stellen die Frage so, dass der Traum uns eine Antwort geben kann, was wir zur Verbesserung beitragen können. Frage: "Was kann ich tun, damit meine jetzige Situation mich finanziell trägt?" Nicht fragen: "Werde ich mit meiner Tätigkeit genug Geld verdienen?". Beantwortet der Traum sie mit "Nein", bringt es uns nicht weiter.
- Situation: Jemand hat ein berufliches Angebot in einer anderen Stadt bekommen. Frage: "Ist es richtig, den neuen Job anzunehmen?" oder "Ist es richtig, meine bisherige Tätigkeit weiter auszuüben?" Stelle die eine oder die andere Frage. Nicht fragen: "Ist es richtig, den neuen Job anzunehmen oder soll ich in meinem jetzigen Beruf bleiben?". Fragen wir so, werden wir nicht wissen, ob der Traum sich auf den neuen oder den bisherigen Job bezieht.

Die Worte "Warum" und "Nicht" sollten in der Frage vermieden werden! Mit der Frage: "Warum passiert mir das immer wieder?" haben wir nichts gewonnen. Möchten wir wissen, welcher Sinn, welche Lernaufgabe dahinter steckt, lautet die Frage: "Wozu passiert mir das? Was darf ich daraus lernen?"

Denke an die gestellte Frage, wenn Du Deinen Traum entschlüsselst. Kannst Du keine Verbindung zu dem Traum und der Frage herstellen, schau ob es ein Thema gibt, dass mit dieser Frage im Zusammenhang steht. Kannst Du keine Beziehung zu der Frage und dem Traum herstellen, spür in Dich hinein, was Dich zur Zeit wirklich am dringlichsten beschäftigt. Der Traum wird sich darauf beziehen.

Je nachdem, wie tief und komplex die Frage ist, wieviel Raum dieses Thema in Deinem Leben einnimmt, mögen die Träume in den nächsten Tagen noch einen weiteren Bezug auf diese Frage haben. Auch mag der Traum verschiedene Themen miteinander verknüpfen, die Dich bewusst oder unbewusst beschäftigen, und die Du auf den ersten Blick nicht miteinander in Beziehung setzt. Denn das, was wir täglich erleben,

Schönes und weniger angenehme Begebenheiten, passieren nicht zufällig. Sie fallen uns zu und wir kommen genau in die Situationen, die für unseren weiteren Weg unerlässlich sind. Auch wenn es sich um Schicksalsschläge handeln mag, so dienen sie letztendlich unserer Entwicklung und geschehen zu unserem Wohle.

Der Traum möchte uns den roten Faden zeigen, der sich durch unser Leben spinnt. Das alles, was geschieht, miteinander in irgendeiner Form verknüpft ist und immer mit uns zu tun hat. Der Traum hilft uns, den tieferen Sinn in den Dingen, die uns widerfahren zu erkennen.

Deute Dein Leben wie einen Traum

"Je weniger wir die bewusste Welt von der Welt des Traumes trennen,
je mehr wir beide Welten zusammenschauen,
desto mehr erschliesst sich uns die eine ganze Wirklichkeit."

Uwe Böschemeyer

Deute die Ereignisse in Deinem Leben wie einen Traum. Der Traum bereitet uns auf die Aufgaben vor, die das Leben an uns stellt, und die wir für unser geistig-seelisches Wachstum benötigen. Verbinde die Träume mit Deinen alltäglichen Erlebnissen und Begegnungen. Du wirst erstaunt sein, wie oft uns die Träume unseren Weg vorzeichnen und uns auch auf schwierige Lebenssituationen vorbereiten. Sie zeigen uns, was wir jetzt tun können, um kommenden Herausforderungen gegenüber gewappnet zu sein, und um sie leichter bestehen zu können.

Eine wunderbare Führung durfte ich in der Vorbereitung auf den Tod meiner Mutter erleben, die mir im Nachhinein erst im Ganzen bewusst wurde. Sie war damals Anfang sechzig, rüstig, viel mit meinem Vater auf Reisen und, dass einer von beiden die Erde bald verlassen sollte, diesen Gedanken konnte ich mir nicht vorstellen. Ich hatte viereinhalb Jahre vor ihrem Tod einen Traum, der mich nicht besonders beunruhigte:

Meine Mutter hat Krebs. Sie soll operiert werden. Ich habe die Gewissheit, dass ihr die OP nicht helfen wird; sie wird sterben. Ich denke an die Zeit, die auf mich zukommt und wie schwer es mir fallen wird, damit umzugehen.

Bewusst bezog ich diesen Traum nicht auf meine Mutter und vergass ihn wieder. Etwa eineinhalb Jahre später sage ich im Traum zu einer Yogalehrerin mit fester Überzeugung:

"Sterbebegleitung und Betreuung der Hinterbliebenen ist meine Aufgabe."

Bis zu diesem Zeitpunkt war der Tod nicht weiter mit mir in Berührung getreten, und ich konnte diesen Traum auf keine Person beziehen, die evtl. meine Hilfe benötigte. Ich wurde durch diesen Traum zum erstenmal mit dem Thema Sterbebegleitung konfrontiert. Eine kurze Zeit später lernte ich eine Yogalehrerin kennen, die mir ein Buch empfahl, das ich unbedingt lesen müsste. „Das Tibetische Buch vom Leben und Sterben“ von Sogyal Rinpoche.

Kurze Zeit später stand ich in der U-Bahn einer Frau gegenüber, die dieses Buch las, und ich erinnerte mich wieder an den Traum, in dem ich sagte, dass Sterbebegleitung meine Aufgabe sei. Ich kaufte dieses Buch, das mich ausserordentlich faszinierte und zu einem späteren Zeitpunkt zu einer unschätzbaren Hilfe werden sollte.

Dann wurde ich zu einem Seminar über Sterbebegleitung eingeladen, immer noch ohne zu wissen, wofür es gut ist. Jedoch mit einem unbestimmten Gefühl, dieses Wissen bald gebrauchen zu können. Es folgte ein weiterer Traum, in dem das Haus meiner Mutter durch eine Atombombe zerstört wurde. Ein Jahr vor ihrem Tod träumte ich:

"Ich verabschiede mich von meiner Mutter. Ich habe das Gefühl, ich werde sie nicht mehr wiedersehen."

Drei Monate später traf ich im Urlaub einen Mann, der sich liebevoll um seinen Vater kümmerte. Die beiden Menschen berührten mich sehr, und ich erfuhr, dass die Mutter vor kurzem an Krebs verstorben wahr. In diesem Moment dachte ich zum ersten Mal an meine Mutter; ob all die Träume und diesbezügliche Situationen mit ihr zusammenhängen könnten?

Aus dem Urlaub zurück erfahre ich, dass meine Mutter Krebs hat. Von da an häuften sich die Träume, immer mit der einen Botschaft, dass sie sterben wird. Neun Monate Jahr später war es soweit. Ihren Abschied kündigte sie an. In einer Nacht klingelte es an unserer Wohnungstür und ich meinte zu hören, wie sie meinen Namen rief, was unmöglich war. Ich stand trotzdem auf und ging an die Tür. Es war natürlich niemand da. Ich schlief wieder ein und es folgte ein Traum, indem sie neben mir im Bett liegt und stirbt. Ich sagte am nächsten Morgen alle Termine ab und fuhr zu ihr hin. Wenige Stunden später schlief sie friedlich in meinen Armen ein.

Ohne die Führung der Träume und die Menschen, denen ich in entscheidenden Momenten begegnen durfte, hätte ich diese Zeit kaum bewältigen können. So wurde mir die Möglichkeit gegeben, mich langsam mit dem Gedanken vertraut zu machen, dass meine Mutter sterben wird. Durch den Traum wurde ich bereits unbewusst auf diese Situation und meine damit verbundenen Aufgaben vorbereitet. Dadurch konnte ich meinen Eltern, als es soweit war, viel besser zur Seite stehen.

Es sind die feinen, ganz unspektakulären Momente im Leben, die uns Hinweise geben, uns führen und helfen, den nächsten Schritt zu tun. Sei es durch einen Traum, ein Gespräch mit einem Menschen oder ein Buch, das unsere Aufmerksamkeit anzieht. Jedes noch so kleine Ereignis, ob im Traum oder in der uns bewussten Wirklichkeit, hat mit uns zu tun und kann uns eine Antwort auf eine Frage oder eine Lösung zu einem Problem geben - wenn wir offen dafür sind und es wahrnehmen.

Bitte Gott, Deine Seele, Deine Schutzengel oder das Höhere Selbst um Hilfe, dass es Dich durch den Tag führt und Du die Botschaften erkennst, die zu Dir kommen; die für Dich bestimmt sind. Lasse Dich führen, nimm dankbar an, was geschieht und wunderschöne Erfahrungen werden Dein Leben bereichern.

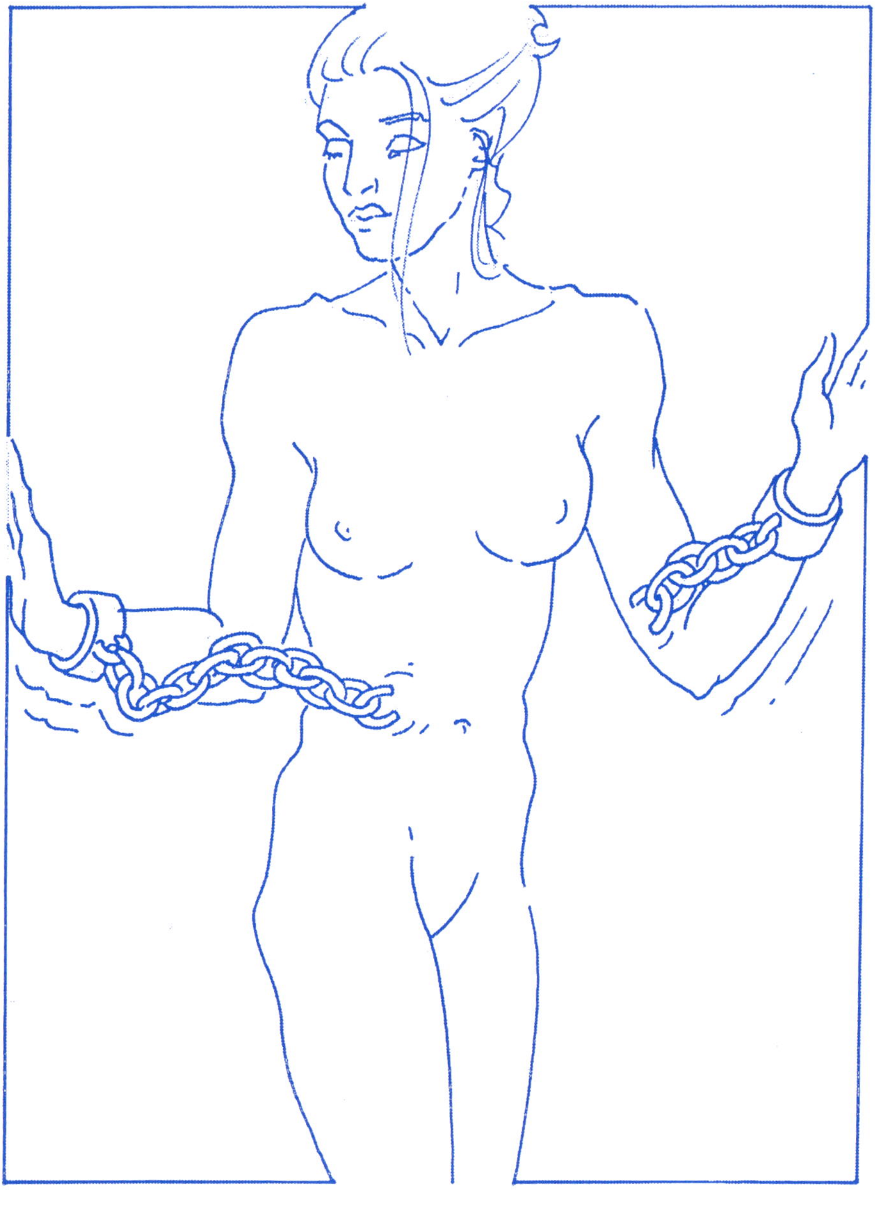

Abbildung 10: Lösen von alten Glaubens- und Verhaltensmustern

Die Umsetzung der Traumerkenntnis - das Loslassen

Die grösste Herausforderung in der Arbeit mit unseren Träumen liegt darin, das Erkannte im Leben umzusetzen. Die Teilnehmer in den Kursen fragen immer wieder: "Was mache ich denn jetzt mit den Dingen, die ich für mich erkannt habe? Wie gehe ich mit meinen Ängsten und nicht gelebten Gefühlen um, die mir bewusst geworden sind? Wie kann ich das leben, was aus mir heraus möchte? Wie lasse ich meine Zweifel los?"

Der Traum zeigt, womit wir uns im Leben begrenzen, und er lässt uns erkennen, was wir tun oder loslassen dürfen, um wieder "in den Fluss des Lebens" zu kommen. Wenn im Alltag oder durch Deine Träume wiederholt der Wunsch in Dir hochkommt, zu tanzen oder zu malen oder irgendeinem anderen Hobby nachzugehen - nimm Dir die Zeit und erfülle Dir diesen Wunsch. Viele Dinge werden sich lösen, wenn Du Deiner Seele eine neue Form oder Möglichkeit gibst, Dich auszudrücken. Lege Deine Bedenken zur Seite, "Dafür bin ich zu alt", "Dafür habe ich keine Zeit", "Das ist nicht so wichtig..." und tue es! Wenn Du dann merkst, es ist doch nichts für Dich, höre wieder auf. Du hast es ausprobiert und damit ist dieser Gedanke aus Deinem Kopf heraus, und wenn es Dir gefällt - wunderbar. Du wirst Dich mit Sicherheit leichter und besser fühlen. Manchmal werden tiefere Schichten in uns berührt und an die Oberfläche geholt, die unangenehm und schmerzhaft sein können, und es fällt uns nicht so leicht, eine Veränderung herbeizuführen.

Die Releasing-Loslass-Methode

Es gibt verschiedenste Wege, negative Erinnerungen, Gedanken und Gefühle, die uns schwächen und krank machen können, aufzulösen. Ich möchte Dir eine Möglichkeit vorstellen, die sehr hilfreich und unterstützend ist, um sich von alten Glaubens- uns Verhaltensmustern zu befreien. Es ist die Releasing-Loslassarbeit von Doc Isa und Ruth Yolanda Lindwall aus den USA. Releasing heisst loslassen, frei werden, sich befreien und Zugang finden zum innersten Kern unseres Seins. Nach meinem ersten Releasing-Seminar hatte ich folgenden Traum:

Zwei Männer reinigen mit einem Laser-Staubsauger einen Teppich. Sämtliche Rückstände und Schmutz verwandeln sich zu Asche und lösen sich auf. Der Teppich strahlt wie neu in brillanten Farben.

Nach der Entschlüsselung lautete der Traum:

Die geistige Kraft (Zwei Männer) reinigt mit der Releasing-Methode (Laser-Staubsauger) meine Qualitäten und Fähigkeiten (Teppich). Sämtliche Ängste (Rückstände und Schmutz) verwandeln sich in Urstoff (Asche) und lösen sich auf. Meine Qualitäten und Fähigkeiten (Teppich) strahlen wie neu in brillianter Lebensfreude (Farben).

Der Traum zeigte mir mit diesem Bildnis, dass ich über die Releasing-Methode (Laser-Staubsauger) meine Ängste (Schmutz), die mich begrenzen, auf der mentalen Ebene verbrennen und auflösen kann. Mir wurde bewusst, dass wir unseren Geist reinigen können von jenen Gedanken und Gefühlen, die uns hindern, unsere Fähigkeiten zu erkennen und zu leben. Über das Loslassen haben wir die Möglichkeit, wie ein Teppich gesäubert zu werden, auf den über viele Jahre Schmutz abgetragen wurde, damit unsere Farben - unsere Qualitäten und Fähigkeiten - wieder in vollem Glanz erstrahlen.

Ich wurde über die Träume aufgefordert, diese Methode in meine Arbeit aufzunehmen, und mit der Traumarbeit zu verbinden. In einem Traum hörte ich folgenden Satz:

Über unsere Träume kommen wir zu unserem wahren Sein. Die Symbole sind der Schlüssel, um alle Hindernisse zu erkennen, die uns auf unserem Weg behindern. Releasing ist eine sanfte Art, die erkannten Hindernisse zu beseitigen.

Da ich trotz guter Erfahrungen immer noch Rest-Zweifel über die Wirksamkeit der Releasing-Arbeit in mir verspürte, bat ich um einen Traum mit folgender Frage: Was bewirkt Releasing? Ich erhielt in der kommenden Nacht diesen Traum:

Ein pinkfarbener VW-Käfer wird auf den Kopf gestellt, auseinandergenommen und gründlichst gereinigt. Mir wurde gesagt "Releasing reinigt genau und gründlich die Teile, die nicht sichtbar sind, an die man normalerweise nicht herankommt. Staub von Jahrhunderten und Jahrtausenden wird mit Releasing, das in alle Poren kommt, entfernt.

Das Loslassen führt zur seelischen Befreiung von Bindungen und Abhängigkeiten, die uns hindern, das zu erkennen und zu leben, was unsere Aufgabe und Berufung hier auf Erden ist. So, wie wir das regelmässige Zähneputzen als eine wichtige körperliche Pflege betreiben, so können wir auch Releasing als einen Teil unserer notwendigen geistigen Hygiene betrachten. Befindest Du Dich in einer stressigen Situation, kannst Du Releasing sofort anwenden, ohne dass es jemand bemerkt. Wann immer Du Dich nicht in Deiner Mitte fühlst oder Du aus dem Gleichgewicht kommst; gehe ins Releasing. Du wirst die Erfahrung machen, dass Du Dich anschliessend leichter und klarer fühlst.

Wie sieht das Loslassen praktisch aus?

Möchtest Du einem bestimmten Gefühl oder einer Eigenschaft, die Dich beeinträchtigt, auf den Grund gehen und Dich davon befreien, lasse Dich zunächst ganz in diese Empfindung hineinfallen. Lasse alle Bilder und Empfindungen ohne Bewertung zu, die in Dir auftauchen. Am Beispiel von Renates Traum zeige ich Dir, wie eine "Releasing-Loslass-Sitzung" verlaufen kann. Sie nahm ihren Traum als Ausgangspunkt und bat ihr Höheres Selbst, ihr die Ursachen für ihre subtile Bequemlichkeit und ihre Ängste vor der Erledigung bestimmter Aufgaben zu zeigen. Ihre innere Erfahrung, die sie im Nachhinein aufschrieb, gebe ich hier in gekürzter Form wieder.

"Ich sehe mich als Kind von 7 oder 8 Jahren. Ich wollte meinen Eltern beim Anstreichen einer Wand helfen. Sie sagen mir, dafür bin ich noch zu klein, das kann ich nicht usw. Andere Kinder sind da, die mich auslachen, mich für unselbständig halten. Ich fühle mich beschämt, es ist mir sehr peinlich. Fühle mich von meinen Eltern unverstanden und alleingelassen..."

Folgende Sätze kamen Renate ins Bewusstsein, die sie laut aussprach: *"Ich lasse los meine Hilflosigkeit meinen Eltern gegenüber. Ich lasse los Schmerz, Trauer, Enttäuschung und Wut, dass sie mir nichts zutrauen. Ich lasse los das Gefühl der Erniedrigung. Ich lasse los meine Angst, zu versagen und dafür ausgelacht und verspottet zu werden. Ich lasse los meine Angst, für schwach gehalten zu werden. Ich lasse los die Entscheidung, meine Aufgaben von meinen Eltern und anderen Menschen für mich erledigen zu lassen, und meinen Glauben, dass sie es besser können als ich selbst. Ich lasse los das Programm, dass andere besser für mich sorgen können, als ich selbst. Ich lasse los das Gefühl, dass mir niemand im Leben etwas zutraut. Ich lasse los das Gefühl, eine Versagerin zu sein. Ich lasse los das Programm, das mir einredet, allein im Leben nicht zurechtzukommen und die Verantwortung für mein Wohlergehen an andere abzugeben..."*

Nach einer kurzen Stille sehe ich meine Mutter vor mir. Ich frage sie: "Wieso habt ihr mir nie etwas zugetraut, warum durfte ich nie etwas allein machen?" Sie antwortet: "Wir hatten Angst um dich. Du warst so klein und zerbrechlich. Wir waren in ständiger Sorge um dich, dass dir etwas passieren könnte. Wir sehen jetzt, dass wir dir auch weh getan haben durch unsere Über-Fürsorge. Es tut uns leid..." "Mutter, Vater, ich verzeihe euch, denn ich erkenne, dass es nur eure Sorge um mich war, im Leben nicht zurechtzukommen, die euch so handeln liess, und die ich mir selbst zu eigen gemacht habe. Ich verzeihe auch mir, dass ich es zugelassen habe, denn es war auch bequem für mich, dass ihr alles für mich getan habt..."

Vergebe aus dem Herzen heraus. Wenn Du noch nicht soweit bist, spüre in Dich hinein, was Dich daran hindert, der Person oder Dir selbst zu vergeben. Nachdem Renate alle Empfindungen losgelassen hatte, die sie in sich wahrgenommen hatte, bat sie darum, das alle diese Muster aufgelöst werden.

"Höheres Selbst, ich bitte Dich, die losgelassenen Muster jetzt aufzulösen, und ich bitte dich um Heilung und Transformation aller Verletzungen aus der damaligen Situation in Deine bedingungslose Liebe. Ich entscheide mich jetzt, die volle Verantwortung für mein Leben zu übernehmen und alle Aufgaben anzunehmen, die das Leben an mich stellt. Ich erkenne an,

dass alle Kraft in mir ist, um sie zu erfüllen, und ich gehe geduldig und liebend mit mir um."

Zum Abschluss stellte Renate sich vor, bereits so zu sein, wie sie sein wollte. Sie sah sich als eine selbstbewusste Frau, die souverän ihre Aufgaben erledigt und voller Vertrauen auf Menschen zugeht, die sie achten und respektieren, und mit denen sie sich verbunden fühlt. Sie malte sich dieses Bild so vollkommen wie möglich aus und visualisierte es dann regelmässig abends vor dem Schlafengehen und morgens nach dem Aufwachen. So konnte jeder ihrer Zellen diese Information aufnehmen und beginnen, sie in der äusseren Welt zu verwirklichen.

Alles, was wir uns vorstellen, möchte sich manifestieren. Je deutlicher und klarer wir das tun, umso stärker wächst unsere Fähigkeit, unsere Vorstellungen körperlich in die Welt zu bringen. Wir sollten daher sorgfältig mit unseren Wünschen umgehen und genau auf unsere Gedanken achten, die auf Erfüllung drängen.

Durch ihre Träume und das Loslassen erkannte Renate schon früh, wenn sie sich wieder einmal vor einer Aufgabe drücken wollte. Während sie früher bestimmte Erledigungen unbewusst auf die lange Bank schob, nahm sie jetzt mehr und mehr die Ängste und Muster wahr, die ihr Verhalten beeinflussten. Durch das Auflösen ihrer alten Muster und neue positive Affirmationen, die sie sich gab, entwickelte sie mit der Zeit ein neues Selbstwertgefühl. Dazu visualisierte sie zweimal täglich ihr Wunschbild und wuchs Schritt für Schritt in die Person hinein, die sie sich wünschte zu sein.

Mit dieser gekürzten Schilderung von Renate möchte ich Dir eine Vorstellung geben, wie wir uns von alten Verletzungen und ungesunden Glaubensmustern heilen können. Je nachdem, wie tief unser Schmerz sitzt, wie sehr wir ihn verdrängt haben, benötigen wir eine oder mehrere "Releasing-Sitzungen", um ein Thema aufzulösen.

Manche Themen werden wiederholt in unserem Leben auftauchen und Du wirst dich fragen: "Ich habe es doch losgelassen, warum verfolgt es mich weiterhin (z. B. Ängstlichkeit in einer bestimmten Situation)? Funktioniert das Loslassen nicht, habe ich etwas verkehrt gemacht?" Stell Dir vor, dass Gefühle von Wut, Hilflosigkeit, Schmerz, Enttäuschung usw., die wir in uns wahrnehmen, sich als grosse, kleine und winzige Steine in einem

Gefäss angesammelt haben. Mit jedem Loslasssatz entfernen wir einen Stein. In einer Sitzung lösen wir vielleicht einen gewichtigen Brocken in uns auf und es kommen weitere Steine zum Vorschein, die vorher verdeckt waren. Loslassen funktioniert und Du hast nichts falsch gemacht. Du bist lediglich an eine weitere Schicht, an einen weiteren Aspekt eines Gefühls herangekommen, welches Du bisher nicht wahrgenommen hast.

Es mag eine gewisse Zeit benötigen, bevor wir einem Menschen von Herzen verzeihen können. Dies hängt mit der Tiefe der Verletzung, des Schmerzes zusammen, den wir mit dieser Person verbinden. Es ist notwendig, dass wir uns unsere Gefühle bewusst machen und sie anerkennen. Dies kann schmerzhaft und unangenehm sein. Wenn wir den Mut aufbringen, uns unseren Gefühlen zu stellen und ihnen aufrichtig sagen: "Ja, (Eifersucht, Feigheit...) ich erkenne, dass du ein Teil von mir bist und ich lasse dich los.", dann erfahren wir Heilung. Benutze Releasing wie ein tägliches Werkzeug, mit dem wir alle schwächenden Gefühle und Gedanken in uns entfernen und durch positive und stärkende ersetzen.

Richte Dich beim Loslassen nach folgenden Schritten und lasse Dich dann vom Höheren Selbst, von Deiner inneren Eingebung führen. Die beste Voraussetzung für diese "Arbeit" ist ein offenes und liebendes Herz sich selbst gegenüber. Habe keine Sorge, etwas Falsches loszulassen. Doc Isa Lindwall, der Begründer des Releasing, pflegt stets zu sagen: "Wir können nur das aus einem Mülleimer herausholen, was in ihm drin ist."

Übung

- Gehe in die Stille und entspanne Dich.
- Bitte das Höhere Selbst um Führung, dass es Dir die Erinnerungen, Gefühle und Programmierungen ins Bewusstsein bringt, die Dich jetzt am meisten beeinträchtigen und aufgelöst und geheilt werden dürfen.
- Spreche laut aus: "Ich lasse los..." Lasse alles los, was Dir an einschränkenden Gedanken und Gefühlen ins Bewusstsein kommt.
- Bitte das Höhere Selbst darum, die Dir bewusst gewordenen Muster aufzulösen. Sage laut: "Höheres Selbst (Gott...), bitte löse jetzt dieses Muster auf. Danke."

- Benutze positive Affirmationen, z. B. "Ich entscheide mich jetzt, liebevoll und geduldig mit mir umzugehen."
- Vergebe dem anderen und ganz wichtig, vergebe Dir selbst!
- Bitte zum Abschluss das Höhere Selbst um ein Geschenk, dass Dir in der jetzigen Situation weiterhilft.
- Bedanke Dich beim Höheren Selbst.

Eine ausführliche Beschreibung über den Ablauf einer Releasing-Sitzung findest Du am Schluss dieses Kapitels.

Stelle Dir eine grosse Zwiebel vor, in deren Mitte sich unser wahres Selbst befindet - frei von allen Begrenzungen, von Ängsten, Zwängen usw. Jede Zwiebelschale steht für eine Blockade oder ein Glaubensmuster, das sich aufgrund unserer Erfahrungen Schicht für Schicht um unsere Mitte, unseren Kern gebildet hat. Fühlst Du Dich z. B. manchmal ungeliebt, so ist dies ein Glaubensmuster. Jedes Muster möchte verwirklicht werden und so wirst Du Dich immer wieder in Situationen vorfinden, in denen Du Dich ungeliebt fühlen kannst. Diese Muster wirken solange, bis sie aufgelöst sind. Das Loslassen unterstützt uns in diesem Prozess des Ent-Wickelns, bis wir unseren Kern freigelegt haben.

Bitte bedenke - Gedanken und Gefühle sind Energien! Sie können kraftvoll oder schwächend auf uns wirken. Wir lassen durch das Loslassen unbewusste negative Programmierungen los, z. B. "Ich bin schwach. Ich bin wertlos. Ich bin ungeliebt usw.", und ersetzen sie durch positive: "Alles ist in mir, um die Aufgaben zu lösen, die das Leben an mich stellt usw."

Wir lösen uns von alten, unbewussten Entscheidungen, z. B. "Ich lasse los meine Entscheidung, mein Herz aus Angst vor Verletzungen für immer zu verschliessen " und treffen eine neue Entscheidung. "Ich öffne mein Herz und sage Ja zum Leben. Ich erkenne an, dass die Höchste Kraft mich schützt und nur das zulässt, was für meine Entwicklung gut und notwendig ist."

Loslassen ist einfach

Lasse bitte den Glauben los, dass etwas kompliziert und schwierig sei. Wenn Du dieses Programm hast, dann wird es kompliziert und schwierig für Dich sein. Lasse es los! Ersetze es durch ein Neues! "Ich lasse los alle Programme in mir, die mir sagen, dass das Leben kompliziert und schwierig ist. Ich erkenne an, dass Gott mir alles gibt, um mich zu heilen. Ich entscheide mich jetzt, seine Heilung anzunehmen und sie geschehen zu lassen." Wähle Deine eigenen Worte.

Wenn Du an einem Punkt Widerstand empfindest - gehe dort hinein! Nimmst Du Zweifel in Dir wahr, dass Gott Dir alles gibt - lasse diese Zweifel los. "Ich lasse los alle Zweifel in mir, dass Gott mich allein lässt, wenn ich ihn brauche. Ich lasse los meinen Zorn auf ihn, dass er mich oft im Stich gelassen hat. " Gehe so weit und tief, bis Du spürst, den tiefsten Punkt dieses Gefühls erreicht zu haben. Er zeigt sich Dir in einer körperlichen Reaktion. Du lachst, gähnst, weinst, kicherst, empfindest Hitze oder Kälte usw. Lasse es zu, es ist ein Zeichen, dass Du etwas losgelassen hast.

Hast Du ein Problem mit einem Menschen, gehe ins Releasing. Das Loslassen ermöglicht es uns, mit unseren Gefühlen und Gedanken ins Gleichgewicht zu kommen. Wann immer Du spürst, dass Du Dich nicht in Deiner Mitte befindest - Du fühlst Dich unwohl, nicht in Harmonie, etwas stört Dich - release, lasse los! Du kannst es in jeder Situation, an jedem Ort und zu jeder Zeit anwenden! Befindest Du Dich unter Menschen, mache es im Geist. Sofort, wenn Du ein beklemmendes Gefühl verspürst. Sage still für Dich: "Ich lasse los..." und benenne dieses Gefühl. Lasse alle Gefühle, die Du der Person gegenüber empfindest und Dich daran hindern, neutral zu bleiben, los, z. B. "Ich lasse los meine Enttäuschung über dein Verhalten. Ich lasse los meinen Schmerz darüber. Ich lasse los meinen Ärger auf dich usw." Du wirst Dich sofort klarer fühlen. Konnte die Situation nicht bereinigt werden, nimm Dir später die Zeit, und spüre nochmals tiefer in das Erlebte hinein. Bitte darum, dass Dir das ins Bewusstsein gebracht wird, was Dir hilft, diesen Konflikt aufzulösen und vertraue darauf, dass es geschieht.

Das laute Aussprechen von Gedanken und Absichten und das Visualisieren einer Situation oder eines Ereignisses haben eine besonders starke

Wirkung. Hast Du z. B. einen Konflikt mit einem anderen Menschen, visualisiere ihn vor Deinem geistigen Auge und sage ihm alles, was Dir wichtig ist. Lasse Dein Herz sprechen und öffne Dich dieser Person so liebevoll, wie es Dir möglich ist. Höre zu, was Dir mitgeteilt wird und lasse die Gefühle los, (bilde Loslass-Sätze und spreche sie laut aus), die Dich aus Deinem Gleichgewicht bringen. Führe das Gespräch so lange, bis Du das Gefühl hast, dass für beide Seiten eine zufriedenstellende Lösung gefunden wurde. Diese Form der Kommunikation hilft uns, Dinge aufzulösen, die unsere Beziehungen zu anderen belasten.

Steht mir ein unangenehmes Gespräch bevor, spreche ich vorher mit der Seele dieser Person und erzähle ihr mein Anliegen. Immer wieder darf ich dann in der direkten Begegnung die beglückende Erfahrung machen, dass mein Gegenüber positiv und verständnisvoll reagiert und selbst schwere Konflikte sich wesentlich leichter lösen lassen. Dies funktioniert selbstverständlich nur, wenn wir reine Absichten haben.

Verbinde Deine Träume mit dem Loslassen

Wenn Dir durch die Entschlüsselung eines Traumes eine negative Eigenschaft bewusst wird - Hass, Ärger, Trauer, Schuld usw. - gehe ins Releasing und lasse dieses Gefühl los. Probiere es aus! Du kannst Dich in wenigen Minuten von der Schwere solcher Gefühle befreien. Du brauchst sie nicht den ganzen Tag mit Dir herumzutragen.

Hast Du einen Traum entschlüsselt, nimm Dir ein oder zwei entschlüsselte Symbole vor, deren Eigenschaften Dich besonders berühren, wo Du spürst: "Das stimmt. Das ist ein Teil von mir, den ich nicht an mir mag und von dem ich mich befreien möchte." Du weisst, dass es unsere Schattenseiten sind, die uns der Traum ins Bewusstsein bringt, und die angenommen und erlöst werden möchten. Geh mit diesen Anteilen, die Deine sind, die in Dir sind, ins Releasing und lasse sie los, so wie im nächsten Beispiel beschrieben. Spüre in Dich hinein, welche Eigenschaften und Gewohnheiten Du gern aufgeben möchtest.

Stelle Dir vor, dass das Gefühl oder die Eigenschaft, in das/die Du hineinspürst, Deinen ganzen Körper durchströmt. Du bestehst nur noch aus diesem Gefühl, aus dieser Eigenschaft. Dadurch kommst Du an die Punkte heran, die aufgelöst werden sollen. Durch die Bitte um Führung, durch das Höhere Selbst, bist Du geschützt, und es geschieht nur das, was Du auch verarbeiten kannst.

Einige Zeit nach ihrem Traum mit der subtilen Bequemlichkeit tauchte bei Renate im Laufe eines Tages immer wieder ein kurzes Traumbild aus der vergangenen Nacht auf, das sie nicht in Ruhe liess, bis sie es aufschrieb:

Eine fremde Frau, die krank aussieht, sagt zu mir, sie bräuchte unbedingt einige Tage Urlaub.

Renate erzählte, dass dieser Traum ihr unwichtig erschien und gleichzeitig die kranke Frau ein unangenehmes Gefühl in ihr auslöste. Sie entschlüsselte den Traum abends auf dem Berg und erhielt von der Frau die Antwort: "Ich bin dein selbst erzeugter Stress."

Übersetzt lautete der Traum: "Mein selbsterzeugter Stress, der krank aussieht, sagt zu mir, er bräuchte unbedingt einige Tage Urlaub."

Ihre erste Reaktion war Groll. Jetzt sollte sie auch noch verantwortlich sein für ihren Stress. Sie bat das Höhere Selbst um Führung, um das zu verstehen und aufzulösen. Sie entspannte sich und stellte sich vor, mitten in einer stressigen Situation zu sein, die sie häufig an ihrem Arbeitsplatz erlebte. Dieser Stress, von dem sie glaubte, dass er nicht abzustellen sei, löste verschiedenste Gefühle in ihr aus, die sie in folgende Sätze formulierte:

"Ich lasse los das Gefühl, nur gut und anerkannt zu sein, wenn ich eine nützliche und sichtbare Arbeit tue. Ich lasse los das Gefühl, immer hetzen zu müssen. Ich lasse los mein Verhalten, bei anderen den Eindruck erwecken zu müssen, immer beschäftigt zu sein - aus Angst, sie könnten ansonsten von mir denken, ich sei faul. Ich lasse los meinen Glauben, das ohne mich nichts läuft usw."

Zum Abschluss fragte Renate die kranke Frau (ihren selbsterzeugten Stress): "Was kann ich verändern, um weniger gestresst zu sein?" Die Frau - ihr Stress - antwortete: "Du möchtest doch gar nichts verändern, du geniesst es doch, wenn andere sagen, "Du siehst aber gestresst aus." Du empfindest es als Kompliment. Es zeigt dir, wie wichtig du doch bist..."

Renate erinnerte sich, dass ein Tag zuvor ein Verkäufer ihr genau diese Worte gesagt hatte: "Sie sehen gestresst aus." Die Frau sagte weiter zu ihr: "Ist dir aufgefallen, dass du ein "Sie sehen gut und erholt aus" viel weniger annehmen kannst, wie ein "Sie sehen aber gestresst aus?""

Renate erzählte, dass es stimmt, was die Frau aus dem Traum ihr gesagt hatte. Wenn jemand ihr ein Kompliment machte, wie gut sie aussieht, schwang oft in ihr das Gefühl mit, dass der andere denken könnte, sie mache nichts Sinnvolles und lässt es sich nur gut gehen. Dies löste eine neue Welle von Gefühlen in ihr aus, die sie in weitere Loslasssätze formulierte.

> "Ich lasse los meinen Glauben, nur wenn ich kaputt und abgehetzt bin, bin ich anerkannt und wertvoll. Ich lasse los meinen Glauben, Liebe nur über Leistung zu bekommen. Ich lasse los meine Abhängigkeit von den Meinungen anderer Menschen."

Anschliessend bat sie Gott, diese Muster jetzt aufzulösen. Als sie sich innerlich ruhiger und ausgeglichener fühlte und keine Gefühle und Sätze mehr in ihr aufstiegen, bat sie das Höhere Selbst, ihr zu zeigen, wie sie mit der Erkenntnis umzugehen habe. Sie bekam ein inneres Bild, indem sie sich als eine gut aussehende, fröhliche und erholte Frau sah, die von allen anerkannt und akzeptiert wurde und eine Stimme sprach zu ihr: "Wir lieben dich, so wie du bist. Du brauchst keinen Stress zu erzeugen, um dich anerkannt und geliebt zu fühlen." Plötzlich hatte sie in ihrer Vorstellung eine Kugel in der Hand, die wie eine Sonne strahlte und ihren Körper mit wohliger Wärme durchströmte. Renate: "Dieses Bild von der Sonnenkugel entspannte mich so sehr, dass ich schnell einschlief und mir gingen viel weniger Gedanken vor dem Einschlafen durch den Kopf. Das unangenehme Gefühl, dass der Traum in mir ausgelöst hatte, war verschwunden."

Der nächste Tag war sehr stressig für Renate, und sie fragte wieder die fremde Frau aus dem Traum, die ihren selbsterzeugten Stress symbolisierte: "Was habe ich durch den Stress zu lernen?" Sie erhielt eine Gegenfrage: "Was versteckst du hinter deinem selbst erzeugten Stress?" Sofort fiel ihr der Traum mit der subtilen Bequemlichkeit[32] ein und sie sah,

---

32 Siehe ab Seite 119

dass es eine Verbindung zwischen ihrem Stress und dem Aufschieben bestimmter Erledigungen gab. Dies hatte sie sich näher anzusehen.

Sprechen wir in dieser Form mit unseren Traumsymbolen, nehmen wir Kontakt auf mit unseren Gefühlen, wie Angst, Schuld, Zweifel, Neid usw. Wir kommen an ihre Ursachen heran, können sie besser verstehen und es fällt uns leichter, sie anzunehmen und aufzulösen. Wir können uns auf diese Weise von Gefühlen und Eigenschaften lösen, die uns durch einen Traum oder im Alltag bewusst geworden sind. Probiere es aus, Du wirst Dich hinterher besser fühlen.

Durch das Loslassen reinigst Du Deinen Mental- und Emotionalkörper und unterstützt Deine körperliche Gesundheit. Das Loslassen hilft, uns von Energien zu befreien, mit denen wir uns durch unsere Gedanken und Gefühle schwächen. Wir lösen uns von unseren negativen Programmen, Verhaltensmustern, schmerzhaften Erinnerungen und Widerständen, um ein freies und glückliches Leben zu führen. Lasse jeden Tag etwas los. Du tust damit nicht nur für Dich, sondern auch für andere einen unermesslichen Dienst.

Die heilende Kraft des Vergebens

Vergebung ist ein Weg, uns von Schuldgefühlen zu erlösen. Vergebung entschuldigt nicht unsere Taten oder die eines anderen. Vergebung befreit uns von Anhaftungen und schmerzlichen Gefühlen, die andere oder wir uns selbst durch Verletzungen zugefügt haben.

Solange Du einem Menschen eine Tat nicht verzeihen kannst, bindest Du Dich an ihn durch Deine Gefühle. Diese Anhaftungen können schweren Eisenketten gleichen, mit denen wir uns selbst durch unsere Emotionen an die andere Person fesseln. Können wir der betreffenden Person von Herzen verzeihen, lösen wir uns von diesen Fesseln. "Ich vergebe dir" heisst: "Ich gebe dir meine Liebe, und ich gebe dich frei. Ich lasse los meinen Zorn, meine Enttäuschung und meinen Schmerz, mit denen ich dich festgehalten und mich an dich gebunden habe."

Gibt es einen Menschen in Deinem Leben, der Dich verletzt hat - und dem Du nicht vergeben zu können vermeinst? Schliesse die Augen und bitte das Höhere Selbst darum, Dir eine entsprechende Person zu zeigen. Bitte, dass

Dir in Zusammenhang mit dieser Person die Gefühle und Situationen gezeigt werden, die jetzt der Heilung bedürfen. Vertraue darauf, dass das Höhere Selbst Dir nur die Bilder und Erinnerungen ins Bewusstsein gibt, die Dir weiterhelfen, und die Du verarbeiten kannst.

Visualisiere diese Person und spüre Deinen Schmerz und die Enttäuschung, die sie in Dir ausgelöst hat. Gebe Dich ganz diesen Empfindungen hin und bilde Loslass-Sätze, bis Dich keine "negativen" Gefühle mehr an diese Person binden. Dann verzeihe dieser Person die Dinge, die sie dir angetan hat. Spüre in dich hinein, ob es auch von Deiner Seite aus ein unkorrektes Verhalten gegeben hat und bitte dann diese Person, Dir zu vergeben. Zum Schluss vergebe Dir selbst. Gehe in Deiner Vorstellung auf diese Person zu und reiche ihr die Hand oder umarme sie und sage ihr z. B. "Ich nehme dich so an, wie du bist und wünsche dir Glück und Frieden auf deinem Weg." Lass' Dein Herz sprechen und verabschiede Dich dann von ihr. Wie fühlt es sich jetzt an, wenn du an diese Person denkst? Finden wir zu wahrer Vergebung, verändern wir die Situation in uns selbst. Du wirst die Erfahrung machen, dass Deine Wandlung die betreffende Person verwandeln wird.

Fühlst Du Dich durch die aufsteigenden Bilder und Gefühle überfordert, löse Dich aus dieser Vorstellung und suche Dir gegebenenfalls äussere Hilfe. Dies zeigt Dir, dass ein tieferer Schmerz in Dir ist, der erlöst werden möchte.

Wenn Du unter Schuldgefühlen leidest oder es Dir schwer fällt, Dir selbst oder einer anderen Person zu verzeihen, möchte ich Dich zu folgender Übung einladen:

Übung

1. Stelle Dich vor einen Spiegel mit den Handinnenflächen zur Brust.
2. Atme 3 x tief ein und aus.
3. Mit dem nächsten Ausatmen öffnen sich Deine Hände, Du schaust Dir in die Augen und sagst laut den Satz: "Ich vergebe".
4. Einatmend führe Deine Hände mit der Handfläche zur Brust wieder zum Herzen.

5. Ausatmend öffnest Du sie wieder und sprichst: "Ich vergebe". Erlaube Dir alle Gefühle und Bilder, die an die Oberfläche kommen, bewerte sie nicht und lasse sie weiterziehen.

Wiederhole diese Übung 1 x täglich für ca. 5 Minuten. Du wirst Dich anschliessend leichter fühlen und wahrnehmen, wie sich Deine Schuldgefühle mit der Zeit auflösen.

Ein Vulkanausbruch

Wir kommen noch einmal auf Michael zurück[33], der sich mit Unterstützung seiner Träume und des Loslassens von Verhaltensmustern lösen konnte, die sein Leben stark beeinflusst und behindert hatten. Er träumte über einige Jahre hinweg immer wieder von einem bevorstehenden Vulkanausbruch, der näher und näher rückte bis der Vulkan in einem Traum explodierte:

Ein Vulkan bricht mit aller Macht aus. Riesige, glühende Lavabrocken fliegen um mich herum, ohne mich zu verletzen. Ich möchte meine Mutter und meinen Vater evakuieren, doch sie sehen keine Gefahr für sich und wollen bleiben. Dies erwarten sie auch von mir und ich fühle mich verpflichtet, ihnen beizustehen. Dann entscheide ich mich dafür, auch ohne sie zu fahren. Ich weiss, dass ich es tun muss.

Entschlüsselung

Vulkan - Herd deiner Emotionen

Glühende Lavabrocken - Deine freigesetzten und bisher nicht gelebten Gefühle von Wut, Trauer, Schmerz und Selbsthass

Mutter - Anpassung

Vater - Deine alten Gewohnheiten

33 Siehe die Zusammenfassung seiner Träume auf Seite 119

Übersetzung

Ein Herd meiner Emotionen (Vulkan) bricht mit aller Macht aus. Riesige, freigesetzte und bisher nicht gelebte Gefühle von Wut, Trauer, Schmerz und Selbsthass (glühende Lavabrocken) fliegen um mich herum, ohne mich zu verletzen. Ich möchte meine Anpassung (Mutter) und meine alten Gewohnheiten (Vater) evakuieren, doch sie sehen keine Gefahr für sich und wollen bleiben. Dies erwarten sie auch von mir, und ich fühle mich verpflichtet, ihnen beizustehen. Dann entscheide ich mich, auch ohne meine Anpassung und meine alten Gewohnheiten zu fahren. Ich weiss, dass ich es tun muss.

Zu diesem Traum kam ihm eine bestimmte Lebenssituationen in Erinnerung, die sich Zeit seines Lebens regelmässig wiederholte. Er bemerkte, dass er sich in dieser Situation immer wieder auf die gleiche Art und Weise verhielt.

In seinem Traumbuch hatte er notiert: *"Fühle mich nach jedem Besuch meiner Eltern erschöpft und niedergeschlagen, brauche manchmal Tage, um mich zu erholen...Verleugne aus Rücksicht auf andere meine eigenen Gefühle und Bedürfnisse. Bin zu passiv, mir fehlen die Worte, fühle mich jedesmal wie gelähmt."*

Ihm war dieses Lebensthema bewusst, und er arbeitete schon lange daran, um damit besser umgehen zu können. Mit Beginn der Vulkanträume wurde ihm ein ganz neues Gefühl bewusst, und das war Wut, die doch nicht sein durfte. Die Lava brachte eine immense Wut, Trauer, Schmerz und Selbsthass in ihm hoch und ein Gefühl von unbändiger Kraft, die er noch nie in seinem Leben so gespürt hatte. Der Explosionstraum zeigte ihm, dass diese Gefühle, die er sein Leben lang zurückgehalten hatte, nicht mehr unterdrückt werden konnten. Sie würden explodieren.

Nach diesem Traum war es Michael klar, dass er sein Lebensmuster, das ihn immer wieder in Anpassung, Passivität und Lähmung führte, mit allem Einsatz zu durchbrechen hatte. In Verbindung mit dem äusseren Leidensdruck, der sich einen Tag vor dem Traum zugespitzt hatte, wurde der nächtliche Vulkanausbruch zum Auslöser, sich zu befreien. Die Kraft dazu erhielt er durch seine Wut, die er inzwischen akzeptiert hatte und nicht mehr als ein negatives Gefühl behandelte, das man nicht haben darf. Dies verhalf ihm dazu, Schritt für Schritt, mit Unterstützung der Traum-

und Releasingarbeit, die Begegnungen mit seinen Eltern aktiver mitzugestalten und sich ohne ein schlechtes Gewissen zu bekommen zurückzuziehen, wenn ihm danach war. Dies bezog sich natürlich auch auf andere Lebenssituationen, in denen er mit der Zeit lernte, Grenzen zu setzen und sich den Raum zu schaffen, den er für sich und für seine Entwicklung benötigte.

Michael: „Die Träume öffnen mir immer wieder die Augen für Situationen, in denen ich blind bin. Ich weiss nicht, wieviel länger ich ohne die Mithilfe meiner Träume gebraucht hätte, um die Dinge in meinem Leben zu verändern und loszulassen, die mich unglücklich gemacht haben."

Diese Prozesse der Ent-wicklung ziehen sich über Monate und Jahre hin. Bitte erwarte keine schnellen Lösungen - die gibt es nicht. Wir wachsen, wir schreiten voran und wir werden auch hin und wieder in alte Verhaltensmuster zurückfallen. Lasse Dich dadurch nicht entmutigen. Stehe wieder auf und gehe weiter im festen Glauben, dass das Höhere Selbst in Dir Dich führt und genau weiss, was gut für Dich ist.

Das Schöne an der Releasing-Loslass-Methode ist, dass wir mit ihr auch allein arbeiten können, und wir uns unabhängig machen von äusserer Hilfe. Sie ist ein Werkzeug, das uns hilft, unsere Blockaden und Muster an den Wurzeln zu erfassen, zu bearbeiten und dann auch aufzulösen. Scheue Dich aber bitte nicht, einen erfahrenen Therapeuten aufzusuchen, wenn Du das Gefühl hast, Hilfe zu benötigen. Eine Bedingung in der Arbeit mit dem Höheren Selbst ist die Bereitschaft, ehrlich und wahrhaftig den Weg des Herzens zu gehen und sich nicht zu scheuen, auch die dunklen Seiten zu betreten. Nur wenn wir sie annehmen, können wir sie erhellen und erlösen. Irgendwann wird uns das Leben durch alles Noch-Dunkle führen. Wir können manches Leid und manche schmerzhafte Erfahrung mildern und vermeiden, wenn wir bewusst und in Liebe diesen Weg beschreiten.

Was uns keine Methode und kein Therapeut abnehmen kann, ist die Umsetzung unserer geistigen Arbeit im Alltag. Wir haben uns dem Leben mit all seinen schönen und weniger schönen Seiten zu stellen. Wir haben Entscheidungen zu treffen und auch aktiv zu handeln. Daran wachsen wir, und nur so werden wir unser Leben meistern. Sei offenen Herzens und es wird das auf Dich zukommen, was Dir weiterhilft. Du wirst es innerlich wissen, denn es wird sich gut in Dir anfühlen.

"Vergesst die Vergangenheit, sorgt euch nicht
um mögliche Irrtümer oder Enttäuschungen.
Entscheidet euch und handelt."

Sathya Sai Baba

Hinweise für eine Releasing-Loslasssitzung

Du kannst allein oder zu zweit loslassen. Zu Beginn mag es einfacher sein, mit einem Partner, der uns begleitet, zu releasen. In der folgenden Anleitung arbeiten wir mit einem Partner, wobei einer der Begleiter und der andere der Loslassende ist. Du kannst nach dieser Anleitung auch für Dich allein releasen, indem Du Dir die gleichen Fragen stellst, die der Begleiter dem Loslassenden zur Unterstützung gibt.

1. Vereinbarung der Partner

Schaut Euch in die Augen und fragt Euch gegenseitig: "Bist Du bereit, bei der Sitzung mein Partner zu sein?" Spüre, ob Du bereit bist, Dich Deinem Partner anzuvertrauen, oder ob ein Widerstand vorhanden ist? Wenn Du einen Widerstand in Dir spürst, spreche ihn daraufhin an.

2. Entspannung

Derjenige, der loslässt, liegt nach Möglichkeit auf dem Rücken, die Beine sind ausgestreckt und die Arme liegen neben dem Körper. Der Begleiter sitzt neben ihm und sagt: "Ich zähle jetzt langsam von 20 bis 0. Mit jeder Zahl entspannt sich Dein Körper tiefer. Bei 0 angekommen wirst Du völlig entspannt und Dein Bewusstsein ganz wach sein." Die Augen des Loslassenden bleiben während der ganzen Sitzung geschlossen.

3. Bitte an das Höhere Selbst um innere Führung

Begleiter und Loslassender kommen mit ihrer Aufmerksamkeit in das Zentrum ihrer Herzen. Derjenige, der loslässt bittet, dass ihm die Muster und Erinnerungen ins Bewusstsein gebracht werden, die ihn jetzt am meisten beeinträchtigen und angeschaut und aufgelöst werden möchten.

Der Begleiter bittet das Höhere Selbst, ihm die Fragen, Anweisungen und Hilfestellungen zu geben, um den anderen absichtslos und in Liebe begleiten zu können.

4. Anweisung vom Begleiter an den Empfänger

Sage zu dem Loslassendem: "Bei eins bist Du innerlich genau an dem Punkt, der heute aufgelöst werden darf. Drei, zwei, eins."

5. Stelle als Begleiter Deinem Partner Fragen,

um ihn an die Dinge heranzuführen, die zur Auflösung anstehen, z. B. "Was fühlst Du?, Was denkst Du? Kommt eine Erinnerung hoch, hast Du ein inneres Bild, wie fühlt sich Dein Körper an?" Beschreibe dann das Gefühl, die Situation, die Dir als Loslassender ins Bewusstsein kommt. Teile alle Gefühle und inneren Bilder mit, die Du wahrnimmst, auch wenn Du sie zunächst nicht einordnen kannst.

6. Loslassen

Ermuntere als Begleiter den Loslassenden, negative Muster, die an die Oberfläche kommen, loszulassen und laut auszusprechen! Zum Beispiel:

- Ich lasse los das Gefühl abgelehnt zu werden von...
- Ich lasse los meine Eifersucht auf...
- Ich lasse los meine Angst, ausgenutzt zu werden von...
- Ich lasse los mein Gefühl, wehrlos zu sein...
- Ich lasse los meine Trauer auf...
- Ich lasse los meine(n) Ärger/Wut auf...
- Ich lasse los meine Gewohnheit...
- Ich lasse los meine Schuldgefühle...
- Ich lasse los meine Überheblichkeit...

Die Wirkung dieser Sätze ist umso tiefgehender, je wahrer Du sie aus Deinem Herzen heraus sprichst.

Reagieren wir in irgendeinem Bereich übertrieben emotional - sei sicher, es wird uns ein Spiegel vors Gesicht gehalten. Wenn Du Dir häufig Sorgen um Deine finanzielle Situation machst, bitte darum, dass Du dieses Muster erkennst, indem Du sagst: "Höheres Selbst (Gott...), bitte hilf mir, dieses Muster jetzt zu erkennen und aufzulösen. Danke." Du wirst sonst immer wieder in Situationen geführt, in denen Du Dir finanzielle Sorgen machen kannst.

Fragen des Begleiters an den Loslassenden, die helfen, den Prozess ins fliessen zu bringen

- Wie fühlst Du Dich?
- Wann hast Du Dich zum ersten Mal so gefühlt?
- Wie alt warst Du? Was geschah?
- Spreche als Loslassender mit der Seele der Personen, mit denen Du Schwierigkeiten hast oder hattest, auch wenn sie bereits verstorben sind. Teile ihnen mit, was Du zu sagen hast. Deinen Ärger, Deine Traurigkeit, Dich missverstanden, missbraucht zu fühlen/gefühlt zu haben; alles was an Emotionen in Dir ist. Spreche direkt zu der Person, und lasse es dann los.
- Stelle Dir einen Laserstrahl aus göttlicher Liebe/goldweissem Licht vor, der aus Deinem dritten Auge (aus der Mitte Deiner Stirn) kommt und richte ihn auf die Person oder Situation, um die gesamte dunkle Energie dort zu verbrennen und aufzulösen.
- Vergebe dem anderen und ganz wichtig: vergebe Dir selbst von Herzen! Wenn Du es nicht vermagst, gehe weiter in das Loslassen hinein und bitte Gott, Dein Herz weiter zu öffnen und der betreffenden Person vergeben zu können.
- Seufzer, Tränen, Lachen, Wärme, Schwitzen, Erschauern, Zittern usw. zeigen Dir, dass Du am Punkt bist, dass etwas losgelassen wurde. Geniesse es, und lasse es zu. Ermuntere als Begleiter Deinen Partner, diese Empfindungen zuzulassen, sie fliessen zu lassen.

7. Abschluss einer Sitzung

Beende eine Sitzung, wenn derjenige, der loslässt, eine innere Ruhe und Ausgeglichenheit verspürt und es sich für ihn "rund" anfühlt. Er kann zum Abschluss das Höhere Selbst um ein Geschenk bitten, das ihm in der jetzigen Situation weiterhilft. Du wirst überraschende Hinweise bekommen. Es kann eine direkte Anweisung sein, was Du als nächstes tun solltest oder ein unerklärliches, erleichterndes Gefühl, das Du plötzlich wahrnimmst. Vertraue, was Dir gegeben wird, nehme es an und handele entsprechend. Richte Dich auf eine Zeit von einer 3/4 bis 1 1/4 Stunde für eine Sitzung ein.

Bedanke Dich beim Höheren Selbst für die Führung und Heilung. Der Begleiter zählt den Liegenden wieder in die Gegenwart zurück: "Ich zähle jetzt von 1 bis 3. Bei 3 öffnest Du die Augen und Du bist in vollkommener Harmonie wieder zurück in Deinem normalen Wachbewusstsein. 1, 2, 3. Du bist im Hier und Jetzt und wieder ganz wach."

Lasse das Releasing ausklingen indem Du Dir einige Minuten Ruhe gönnst.

Die Kraft des Gebets

Eins der grossen Geschenke, die mir das Leben gab, ist die Erfahrung, dass Gebete wahrhaftig Berge versetzen können.

Vor vielen Jahren erzählte die Psychotherapeutin Phyllis Krystal auf einem Seminar von einer kleinen Übung, die sie jeden Morgen praktizierte. Es war folgendes kurze Gebet.

> Gott, ich reiche Dir den heutigen Tag dar.
> Denke DU durch mich.
> Fühle DU durch mich.
> Sprich DU durch mich.
> Handel DU durch mich.
> Liebe DU durch mich.

Dieses Gebet begleitet mich seitdem täglich, und es lehrte mich loszulassen von meinem Glauben, dass ich es bin, der im Leben etwas verändert. Diese wenigen Worte verwandelten mein Leben nachhaltig. Mir wurde meine jetzige Tätigkeit gegeben, die mich zutiefst mit Dankbarkeit erfüllt und ich durfte erfahren, wie sich in meinem Leben und in der Arbeit mit meinen Klienten durch Gebete Situationen auflösten, die unüberwindbar erschienen.

Untrennbar mit dem Gebet verbunden ist das Danken und Vergeben. Das Danken für alle Begegnungen, Ereignisse und Erfahrungen, auch dem Unangenehmen, wird unsere täglichen Sorgen und Nöte dahinschmelzen lassen. Sind es letztendlich nicht gerade die unbehaglichen Dinge im Leben, durch die wir wachsen und vorankommen? Vergeben wir uns selbst und anderen, lösen wir uns von Bindungen, die unser Leben einschränken und knebeln können. Diese drei Säulen: Gebet, Vergebung und Dankbarkeit bergen eine unerschöpfliche Kraft in sich. Sie sind eine wunderbare Unterstützung für eine erfolgreiche Beschäftigung mit unseren Träumen und eine tragende Kraft auf dem Weg der Selbsterkenntnis.

Das Gebet ist eine unschätzbare Hilfe bei der Auflösung unserer erkannten Verhaltensmuster und Begrenzungen. Es ist ein Trost- und Kraftspender, wenn es darum geht, Schmerz und Trauer zu überwinden, und es ist eine wahre Energiequelle, die uns hilft, unsere neu entdeckten Begabungen und Qualitäten ins Leben zu bringen.

Einige Sätze, die mir und anderen Menschen sehr geholfen haben:

- Bitte hilf mir, die Ursache meiner Schmerzen (meiner Sucht, meiner fehlenden Gesundheit...) zu erkennen. Was habe ich zu lernen?
- Bitte hilf mir zu erkennen, was mich daran hindert, mit meiner Familie in Frieden zu leben (in meiner Arbeit erfolgreich zu sein...).
- Bitte hilf mir, meine Angst vor dem Sterben (dem Fliegen, einer Person...) zu überwinden.
- Bitte hilf mir, mehr Freude (Leichtigkeit, Kraft...) zu erfahren.
- Bitte hilf mir, frei zu sein von Bewertung (ungesunden Bindungen, Süchten...).
- Bitte zeige mir, was ich jetzt tun kann (meine nächste Aufgabe, meinen Weg...).
- Bitte führe mich zu spiritueller Erkenntnis.
- Danke für Deine Führung.

Meine Erfahrung ist, dass jedes vom Herzen gesprochene Gebet beantwortet wird. Die Antworten kommen allerdings oft anders, als wir sie uns vorgestellt haben, und auch der Zeitplan stimmt nicht immer mit unserem überein. Sie kommen jedoch immer zum rechten Zeitpunkt, und häufig erkenne ich erst viel später, wie perfekt SEIN Timing ist.

Die Bitte um Erkenntnis und Führung zum Wohle für sich selbst und zum Wohle Aller führt uns in ein Leben inneren und äusseren Reichtums hinein. Wir entdecken unsere Stärken und Qualitäten und beginnen sie zu leben. Durch das Gebet verbinden wir uns mit der einen Kraft, die in uns ist - die uns nährt und trägt.

Quellennachweis

Uwe Böschemeyer, Sprache der Träume, SKV-Edition

Gayle Delaney, Lebe Deine Träume, mvg-verlag

Helmut Hark, Lexikon Jungscher Grundbegriffe, Walter-Verlag

Jolande Jacobi, Die Psychologie von C.G. Jung, Fischer-Taschenbuch-Verlag

Phyllis Krystal, Die inneren Fesseln sprengen, Ryvellus-Medienverlag

Stefan Leber, Der Schlaf und seine Bedeutung, Verlag Freies Geistleben

Lucien Morgan, Dreams & Symbols, Tiger International

Liebe Leserin, Lieber Leser,

ich freue mich über Zuschriften und Anregungen, welche Erfahrungen Sie mit der hier vorgestellten Methode der Traumentschlüsselung gemacht haben.

Sind Sie an einem Traumseminar interessiert, wenden Sie sich bitte an das

Studio für Traumarbeit, Shiatsu und Releasing

Stephan Schumann

Mozartstr. 12, 22083 Hamburg

Auf Wunsch schicke ich Ihnen eine Liste der TraumseminarleiterInnen zu, die nach der hier beschriebenen Form Traumseminare anbieten. Sie können ebenfalls eine Liste der Therapeuten bekommen, die mit der Releasing-Loslass-Methode arbeiten. Bitte 2,20 DM für Rückporto beilegen.

Es grüsst Sie herzlich

Alle Illustrationen sind gezeichnet von:

Peter Schneider, Humboldstr. 118, 22083 Hamburg, Tel. 040 229 66 90

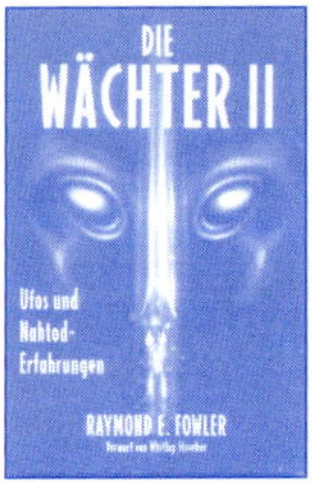

Die Wächter II
UFOs und Nahtoderfahrungen

von Raymond E. Fowler, übersetzt aus dem Amerikanischen
viele Abbildungen, 400 Seiten
14,5 x 21 cm, ISBN 3-926388-33-1 DM 36,00

Die Allagash Entführungen
Unwiderlegbare Beweise für das Eingreifen von Außerirdischen

von Raymond E. Fowler, Vorwort von Budd Hopkins,
übersetzt aus dem Amerikanischen, 32 Bilder, 372 Seiten
14,5 x 21 cm, ISBN 3-926388-30-7 DM 36,00

Der Fall Andreasson
Dokumentierte Untersuchung von der Entführung einer Frau an Bord eines Ufos

von Raymond E. Fowler, Vorwort von Allen Hynek
übersetzt aus dem Amerikanischen, 53 Bilder, 280 Seiten
14,5 x 21 cm, ISBN 3-926388-31-5 DM 36,00

Sternensaat
Das galaktische Erbe der Menschheit

von Lyssa Royal & Keith Priest,
übersetzt aus dem Amerikanischen, 120 Seiten, 14,5 x 21 cm
ISBN 3-926388-27-7 DM 26,00

Besucher von Innen

von Lyssa Royal u. Keith Priest
übersetzt aus dem Amerikanischen, 200 Seiten, 15 x 22,5 cm
ISBN 3-926388-26-9 DM 32,00

G. Reichel Verlag, Reifenberg 85, D-91365 Weilersbach, Tel. 09194-8900, Fax 09194-4262

Der Kurs zum Selbst

In Wahrheit und Liebe von Babaji

von Roger G. Lanphear; übersetzt aus dem Amerikanischen
14,5 x 21 cm, 168 Seiten
ISBN 3-926388-35-8 DM 26,00

Wiederkehr der Engel

Ein meditatives Praxisbuch für Deinen Lichtkörper

Wolfgang Nothvogel
120 Seiten, 14,5 x 21 cm, mit farbigen Abbildungen
ISBN 3-926388-42-0 DM 29,00

Götter der Sterne

Bibel, Mythen und kosmische Besucher

von Lars A. Fischinger
1. Auflage 1997, 384 S., 14,5 x 21 cm,
ISBN 3-926388-41-2 DM 39,00

Baba Blues

Intensivtraining zum ErfolgReich Glücklich werden
Ein Kursbuch für den „Oelmann-Prozess"

von Ingeborg Oelmann
200 Seiten, 14,5 x 21 cm
ISBN 3-926388-36-6 DM 29,00

Prophezeiungen zur Zukunft Europas

Eine Analyse von über 250 Quellen

von Stephan Berndt
2. Auflage 1997, 288 S., 14,5 x 21 cm,
ISBN 3-926388-40-4 DM 29,80

Das Abenteuer einer Transformation

12 Jahre bei Babaji

von Gora Devi
Übersetzung aus dem Italienischen, 216 Seiten
zahlreiche Fotos, 14,5 x 21 cm
ISBN 3-926388-28-5 DM 32.-

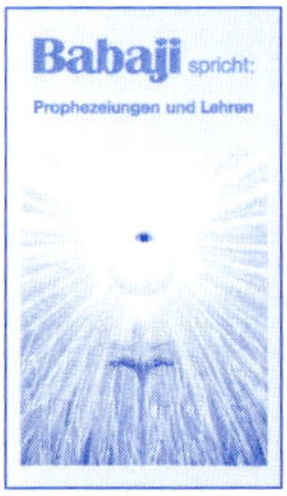

BABAJI spricht:

Prophezeiungen und Lehren

Orginalreden Babajis, übersetzt aus dem Englischen
190 Seiten, 6 Fotos, 11,5 x 18,5 cm
ISBN 3-926388-03-X DM 16,80

Babaji - Am Quell der Wahrheit in Haidakhan Vishwa Mahadham

von Shdema Goodmann
Übersetzung aus dem Amerikanischen
144 Seiten, 7 Fotos
11,5 x 18,5 cm, ISBN 3-926388-08-0 DM 16,80

Unergründlich tief wie das Meer: Babaji - 108 Begegnungen

Gertraud Reichel (Hrsg.)
130 Seiten, 11,5 x 18,5 cm
ISBN 3-926388-22-6 DM 18,00
auch in Englisch erhältlich

BABAJI - Pforte zum Licht

Ein Erlebnisbericht

von Gertraud Reichel, 3. Auflage 1995
168 Seiten, 9 Fotos, 14,5 x 21 cm
ISBN 3-926388-12-9 DM 19,80
Auch in Englisch und in Japanisch erschienen, Näheres auf Anfrage.

G. Reichel Verlag, Reifenberg 85, D-91365 Weilersbach, Tel. 09194-8900, Fax 09194-4262

Leben aus dem Sein
Ein Buch über Babaji

von Radhe Shyam
Übersetzung aus dem Amerikanischen
368 Seiten, 14 Fotos, 15 x 21 cm,
ISBN 3-926388-17-X DM 32,00

Ich bin Du - BABAJI
Botschaften des Meisters vom Himalaya

Maria Gabriele Wosien (Hrsg.)
Zusammengestellt aus Babajis Orginalreden
118 Seiten, 11 Fotos, 11,5 x 18,5 cm
ISBN 3-926388-23-4 DM 16,80

Das Buch des Lebens

v. Radha-Magdalena Bambeck
120 Seiten, 11 x 15,5 cm, ISBN 3-926388-13-7
Leineneinband DM 19,80, Taschenbuch DM 9,80

Babaji-Von Herz zu Herz

Gertraud Reichel (Hrsg.)
230 Seiten, 15x21 cm
ISBN 3-926388-20-X DM 24,80

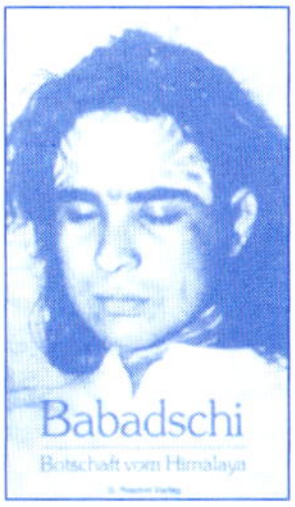

BABADSCHI
Botschaft vom Himalaya

von Maria-Gabriele Wosien, 5. Auflage, mit zahlr. Abbildungen, erweitert um das Kapitel „Der Weise Vasishta“, 135 S., 11,5 x 18,5 cm, ISBN 3-926388-00-5 DM 19,80
auch in Englisch, Italienisch, Französisch, Bulgarisch und Tschechisch erschienen

---

G. Reichel Verlag, Reifenberg 85, D-91365 Weilersbach, Tel. 09194-8900, Fax 09194-4262

Der Weg des Tänzers
Selbsterfahrung durch Bewegung
Bernhard Wosien

Maria Gabriele Wosien (Hrsg.)
zahlr. Abb., 17 x 24 cm, 135 Seiten
ISBN 3-926388-29-3 DM 26,00

Erkenntnisse aus Atlantis
Wandlung durch neue Energiemuster, Kristall-Heilung

von Dr. Frank Alper, übersetzt aus dem Amerikanischen
14,5 x 21 cm, 392 Seiten, zahlr. Abbild.
ISBN 3-926388-19-6 DM 36,00

Das Universelle Gesetz für das Wassermann Zeitalter

von Dr. Frank Alper, übersetzt aus dem Amerikanischen
14,5x21cm, 136 Seiten
ISBN 3-926388-21-8 DM 24,80

Mein Freund aus der Unendlichkeit
Begegnungen mit einer kosmischen Intelligenz

von Astrid Rodin
14,5 x 21 cm, 120 Seiten
ISBN 3-926388-34-X DM 21,00

Der Armstrong Report
Außerirdische und UFO´s -
Sie brauchen uns, wir sie nicht!

von Virgil Armstrong, übersetzt aus dem Amerikanischen
14,5 x 21 cm, 144 Seiten
ISBN 3-926388-24-2 DM 26,00

G. Reichel Verlag, Reifenberg 85, D-91365 Weilersbach, Tel. 09194-8900, Fax 09194-4262